本系列丛书为国家自然科学基金项目“全球化背景下中国农民合作组织发展：运营模式、治理结构与比较研究”（项目号：71020107028）和“农业产业组织体系与农民合作社发展：以农民合作组织发展为中心的农业产业组织体系创新与优化研究”（项目号：71333011）的成果。浙江大学“农林经济管理”国家重点（培育）学科对成果的出版给予了资助。特此致谢！

Mechanism and Empirical Studies of Peasants' Entrepreneurship in Agriculture

农业产业组织与农民合作社研究系列丛书

农民农业创业

机理与实证研究

俞宁　著

图书在版编目(CIP)数据

农民农业创业机理与实证研究 / 俞宁著. —杭州：浙江大学出版社，2014.3

ISBN 978-7-308-13018-9

Ⅰ. ①农… Ⅱ. ①俞… Ⅲ. ①农业经营学—研究 Ⅳ. ①F306

中国版本图书馆 CIP 数据核字（2014）第 052953 号

农民农业创业机理与实证研究

俞　宁　著

责任编辑　陈丽霞

文字编辑　杨　茜

封面设计　春天・书装工作室

出版发行　浙江大学出版社

（杭州市天目山路 148 号　邮政编码 310007）

（网址：http://www.zjupress.com）

排　　版　杭州林智广告有限公司

印　　刷　杭州日报报业集团盛元印务有限公司

开　　本　710mm×1000mm　1/16

印　　张　13.5

字　　数　207 千

版 印 次　2014 年 3 月第 1 版　2014 年 3 月第 1 次印刷

书　　号　ISBN 978-7-308-13018-9

定　　价　36.00 元

浙江大学出版社发行部联系方式：(0571) 88925591；http://zjdxcbs.tmall.com

总　　序

我国农村始于20世纪70年代末80年代初的家庭联产承包责任制改革，赋予了农民比较稳定的土地承包经营权，调动了其生产积极性与创造性，促进了农业与农村经济的迅速发展。但随着改革开放的深入，社会经济环境的变化以及传统村集体经济组织的逐步衰弱，其在产前、产中、产后的统一服务功能不断弱化，农民的农业生产逐步陷于小规模、分散化的困境与挑战。这种挑战主要表现在三个方面：一是小规模、分散化的农业家庭经营难以实现农业的集约化、专业化和规模化生产；二是小规模、分散化的农业家庭经营难以实现农业的产业化经营和纵向链条延伸；三是小规模、分散化的农业家庭经营难以适应日益激烈的农产品市场竞争。最终导致多数农户很难再依靠农业生产获得体面的收入，大量的农业剩余劳动力开始流向城镇和非农产业，现代农业发展举步维艰。

面对此困局，从20世纪90年代开始，以山东省潍坊市为代表，出现了农业产业化经营的新的生产经营方式，取得了相当不错的经营效益，随后以“公司＋农户”为主导的农业产业化经营模式开始被各地政府提到重要议事日程进行宣传推广。但这种模式在应用推广的过程中也逐步暴露出一些问题，主要体现在：农业企业与众多分散农户打交道的交易成本非常高；农业企业与农户不是利益共同体，两者的关系比较脆弱；农业企业较强势，容易侵占农民合法收益，农民与企业间市场地位和信息获取不对称。我校农业经济管理系的不少师生也正是从这一时期开始关注农业产业化问题的研究。

在这一时期，我们首先对农业产业化经营的概念、实质、关键问题等进行了初步剖析（李长江、袁克忠、袁飞，1997；傅夏仙，1999），提出了自己的初步思考（和丕禅、郭红东，1997；周洁红、柴彭颐，1999）。在介绍国外农业产业化的先进经验的同时（柴彭颐、周洁红，1999），也开始关注浙江农业产业化的发展实践（黄祖辉、郭红东，1999），注意到了实践领域中存在的“公司＋农户”、“农户＋农户合作中介组织＋市场”等丰富多样的农业产业化形式（黄祖辉、郭红东，1997；郭红东、和丕禅，1998），试图对这些农业产业化的模式进行梳理，对农业产业化的指标、实现途径进行探索（罗庆成、潘伟光、朱允卫，1998；周洁红、柴彭颐，1998）。应该说这个阶段，我们关于农业产业化的理论研究小有收获，也协助政府部门回答了应该制定怎样的农业产业化支持政策的问题（周洁红、柴彭颐，1999；郭红东、黄祖辉、蔡新光等，2000）。

由于以“公司＋农户”为主导的农业产业化经营面临着一些固有的内在缺陷，被认为能更好地代表和维护农民利益的农业合作社组织得以从20世纪90年代中后期开始获得重新宣传和引入，并从21世纪初逐步在浙江等地开始试验推广，这就给我们展开相关问题的深入研究提供了很好的实践动力。同时，浙江大学农业现代化与农村发展研究中心（教育部人文社科重点研究基地）、浙江大学中国农村发展研究院（国家“211工程”、“985工程”重点建设单位，以下简称中心、研究院）的相继成立，更是给我们的理论研究提供了很好的科研平台与制度保障。

从21世纪初开始，中心、研究院师生的研究首先讨论了农民进行生产经营合作的必然性和农民合作社发展的变革态势（黄祖辉，2000），介绍了合作社组织的思想宗旨（林坚、王宁，2002）与本质规定性（徐旭初，2003），辨析了国内对农民合作组织的认识误区（黄祖辉、Olof Bolin、徐旭初，2002），促使国内理论界和实践领域开始正确认识农民合作组织，极大地推动了农民专业合作经济组织的发展（黄祖辉、徐旭初，2003）。随后，在理论上深刻揭示了农民合作组织发展的影响因素（黄祖辉、徐旭初、冯冠胜，2002），尝试以浙江为基础解析农民专业合作组织的实践情况（郭红东、黄祖辉，2001），剖析农户参与合作组织的意愿（郭红东、钱崔红，2004；郭红东、方文豪、钱崔红,2005),分析影响农民参与合作组织行为的因素(郭红东、蒋文华,2004),考察合作组织在实施农产品质量控制等方面的作用(卫龙宝、卢光明,2004),并尝试基于政府的立场,提出农民专业合作经济组织应如何发展完善与创新的思路(郭红东,2002;郭红东,2003;郭红东等,2004)。应该说,在这个阶段,对于农民专业合作组织的理论研究工作奠定了中心、研究院在国内合作社理论界的基础地位,也促使浙江省农业厅等相关政府部门与我们展开深入合作,推动农民专业合作社在浙江省的立法工作。为此,中心、研究院一方面积极宣传介绍以北美为典型的国外合作社实践经验(郭红东、钱崔红,2004a;郭红东、钱崔红,2004b),系统梳理国外最新的合作社研究理论成果(郭红东、钱崔红,2005),同时,中心、研究院也与政府部门合作,高规格举办了农民合作组织的制度建设和立法安排国际学术研讨会(2005),阐述了合作社的制度与立法问题,并进行了国际间的比较(徐旭初、黄祖辉,2005),为《浙江省农民专业合作社条例》的起草和最终出台奠定了扎实的理论基础。《浙江省农民专业合作社条例》的立法经验也直接推动了《中华人民共和国农民专业合作社法》的出台(徐旭初,2005),中心、研究院的老师也为《中华人民共和国农民专业合作社法》的出台做出了重要贡献。浙江省和全国农民专业合作社的立法实践反过来也进一步推进了中心、研究院对于合作社组织制度安排等主题的深入研究,中心、研究院师生先后探讨了合作社的产权安排(徐旭初,2006;林坚、黄胜忠,2007)、治理结构(黄祖辉、徐旭初,2006;邵科、徐旭初,2007)等问题,并尝试用交易费用理论等厘清合作社与投资者所有企业的边界(林坚、马彦丽,2006),解释合作社组织的集体行动逻辑(马彦丽、林坚,2006)。

这一阶段,中心、研究院的师生也没有忽视对农业产业化经营问题的理论探索。有些研究者在尝试使用契约理论分析、解析农业产业化经营的契约与组织形式问题(黄祖辉、王祖锁,2002;吴秀敏、林坚,2004),有些研究者展开了对农业(农产品)行业协会问题的研究,通过对国外相关发展经验的介绍(黄祖辉、胡剑锋,2002),对行业协会的特征、促进农业产业化经营的价值进行解析(郭红东,2002;胡剑锋、陆文聪,2004),试图提出我国农业行业协会的建设思路(胡剑锋、黄祖辉,2004)。更核心的研究主题一方面来自于从农户视角研究农业产业化经营问题(陆文聪、西爱琴,2005),聚集关键的农业龙头企业与农户的订单安排等利益联结机制问题(郭红东,2002;郭红东、蒋文华,2007);另一方面从农业龙头企业自身的发展维度,如治理结构安排、核心竞争力培育等进行理论聚焦(辛焕平、和丕禅、娄权,2006;彭熠、和丕禅、邵桂荣,2005;彭熠、和丕禅、邵桂荣,2006)。应该说,通过这段时间的努力,中心、研究院研究者清晰地认识到,要想进一步推动农业产业化发展水平的提升,既需要充分利用民间资本助力农业产业化(彭熠、黄祖辉、王健,2005;彭熠、和丕禅、李勇,2006),又需要嵌入于供应链视角发展农业产业化(张静、傅新红,2007),更需要协调发挥行业协会、公司、合作社等组织在农业产业化中的作用(郭红东、蒋文华,2007),其中农民专业合作社的作用尤为基础和关键。

随着2007年国家《农民专业合作社法》的颁布实施,中心、研究院师生进一步提高了对农民专业合作社重要性的认识,成立了中国农民合作组织研究中心(CCFC),创设了中国农民合作社研究网(www. ccfc. zju. edu. cn),强化了对合作社组织的理论研究。首先,正如2008年中心、研究院与国际劳工组织、农业部经管司(经管总站)等单位共同举办的“中国农村改革30年:中国农民合作经济组织发展国际研讨会”所达成的会议共识,研究者清晰地指出了与西方传统合作社的发展环境、成员与组织特征相比,中国当下的农民专业合作社发展有了新的形势(徐旭初,2008;徐旭初、邵科,2009;徐旭初、吴彬,2009),中国的农民专业合作社发展开始嵌入于供应链管理的环境(徐旭初,2007),合作社的本质性规定在中国发生了不同程度的飘移(黄祖辉、邵科,2009),新形势下的农民专业合作社发展面临多重困难与挑战(张忠根、王玉琳,2009),多类型的农民合作组织在中国具有存在的必然性(黄祖辉,2008),但仍然需要坚持市场化、专业化的合作社发展价值取向(黄祖辉、邵科、徐旭初,2010)。

其次,中心、研究院师生将更多的研究精力投入到对农民专业合作社组织制度安排与发展成长问题的研究。在组织制度安排上,治理结构与运行机制主题(黄胜忠、徐旭初,2009;吴彬、徐旭初,2013)、组织效率(绩效)问题(黄祖辉、梁巧,2009;黄祖辉、邵科,2010;黄祖辉、扶玉枝,2012;扶玉枝、黄祖辉，2012）是研究者重点聚焦的问题，产生了一批有分量的成果（黄胜忠、林坚、徐旭初，2008；黄祖辉、扶玉枝、徐旭初，2011；黄祖辉、扶玉枝，2013）。在组织发展成长上，中心、研究院师生重点关注了合作社成长、服务功能实现与纵向一体化经营的影响因素（郭红东、楼栋、胡卓红、林迪，2009；刘颖娴、郭红东，2012；黄祖辉、高钰玲，2012），注意到了农民专业合作社存在的融资难问题正在影响着组织的发展壮大（郭红东、陈敏、韩树春，2011），一些合作社在资本的控制下呈现出功能弱化的趋向（崔宝玉、李晓明，2008；崔宝玉、张忠根、李晓明，2008），当前需要允许农民专业合作社尽快开展信用合作试点（徐旭初，2011）。中心、研究院师生也非常重视基于成员视角研究成员参与行为的特征、影响因素，观察成员参与对合作社满意度等的影响（郭红东、杨海舟、张若健，2008；郭红东、袁路明、林迪，2009；蔡荣、韩洪云，2012；黄祖辉、高钰玲、邓启明，2012；邵科、徐旭初，2013）。

由于农民专业合作社的发展壮大，合作社在农业产业发展中的功效逐步显现，除了带领农户参与大市场、应对供应链的集体行动（黄祖辉、梁巧，2007；施晟、卫龙宝、伍骏骞，2012），其在农业生产标准化推广、技术贸易壁垒应对等方面的作用也不断凸显（赵建欣、崔宝玉、祁国志，2008；周洁红、刘清宇，2010），农民专业合作社正在改变农户的生产行为和收益情况（蔡荣，2011；蔡荣、韩洪云，2012）。

总体而言，面对不同于经典模式、反映中国时代特征的农民专业合作社发展（徐旭初，2012），中心、研究院师生借鉴委托—代理理论、交易成本理论等理论（梁巧、黄祖辉，2011），围绕农民专业合作社的组织制度安排、成员参与、产业带动等层面进行了非常有价值的探索，成为国内研究农民专业合作社的重镇。

实际上，最近十年来，中心、研究院老师在农业产业组织与农民合作社领域展开理论研究的同时，也培养了一批优秀的从事相关研究的博士生。以郭红东（2005）为代表，一些硕士、博士研究生围绕农业产业化主题分析了农业龙头企业与农户订单安排及履约机制等问题。以徐旭初（2005）为代表，另一批硕士、博士研究生围绕合作社主题对农民专业合作社的制度等进行了理论解析。而随着《中华人民共和国农民专业合作社法》的颁布实施、农民专业合作社的快速发展，中心、研究院硕士、博士研究生对农民专业合作社的理论研究更为深入，这套“农业产业组织与农民合作社研究系列丛书”正是其中的一部分代表性成果。

我们希望，在2012年全国农民专业合作社达到68.9万家，实有成员5300多万户，各类产业化经营组织超过30万个，带动农户达1.18亿户的新形势下，这批专著的出版能够进一步推动理论界的相关问题研究进展，吸引更多学人关注和参与分析讨论，也进一步促进农民合作社和其他农业产业组织的实践发展。同时，我们也意识到，即将出版的这几本专著由于各种主、客观原因，还存在一些问题和缺陷，因此殷切期盼读者能够提出批评指正，促使我们这些年轻的学人能够在未来的理论与实践研究中改进提高。

本系列丛书的出版得到了浙江大学国家“985工程”三期项目的支持，得到了国家自然科学基金重大国际（地区）合作研究项目“全球化背景下中国农民合作组织发展：运营模式、治理结构与比较研究”（项目号：71020107028）和国家自然科学基金农林经济管理学科群重点项目“农业产业组织体系与农民合作社发展：以农民合作组织发展为中心的农业产业组织体系创新与优化研究”（项目号：71333011）的资助，在此一并表示感谢。我们还要感谢浙江大学出版社的编辑们为本系列丛书的出版所付出的辛勤劳动。

黄祖辉

2013年12月于浙大华家池

目　录

图目录

表目录

1 绪 论

1.1 提出问题

20 世纪 80 年代以来，社会转型和新技术的快速发展与普及应用引发了新一轮创业热潮，创业活动日趋活跃，日益成为经济发展和社会进步的重要推动力量。这一时期，国与国之间的竞争焦点落在了创新与创业水平上，因而各国政府都对发展创业型经济给予了高度重视。除了一直把创新与创业精神作为重要战略优势的美国之外，欧盟于 2003 年明确指出当前的政策挑战是识别和塑造繁荣创业活动氛围的关键因素；连一直秉持“拿来主义”的日本也把重视创新和创业作为推动经济转型与提升国家竞争优势的重要手段。改革开放以来，创业活动已经成为推动我国经济发展的内生力量，成为激发民间活力的重要形式，同时也成为促进就业的重要途径。

近年来，围绕占我国人口半数的农民群体的创业活动而展开的学术探索，已形成一股强劲浪潮并成为国内创业研究的热点领域，农民创业研究正在成为我国创业学界发展速度最快的细分领域之一。最近十年间，关于农民创业问题的研究从最初仅从宏观上整体描述这一现象到如今能够涉及多个研究层次运用多种分析方法挖掘现象背后的一般规律，不可谓发展不迅速。当前，农民创业研究中有较多学者将注意力集中于农民创业者的特征及其影响、政府行为导向下的创业环境、促进农民创业的融资方式以及农民创业培训等方面的研究议题，积累了不少有益的成果。

但同时我们也需要认识到，目前国内学术界对农民创业的理论研究尚未深入，尤其是针对农业领域内农民创业行为与过程的解析仍然非常缺乏。相较于非农创业活动，广大农民在农业领域内的创业现象却由于在我国“农民”兼具户籍与职业双重属性的特点而遭受误读。过于强调农民从事农业生产经营活动的天然性和必然性，导致了当下国内创业学界对农业领域内的农民创业重视不足、投入的研究力量也十分有限的尴尬局面。

面对我国不断加快的工业化、城市化进程对同步推进农业现代化建设、促进城乡一体化发展的迫切要求，近年来一些学者对大学生农业创业问题进行了讨论。尽管投身农业创业能在一定程度上缓解大学生就业困难问题并提升我国农业劳动力的整体素质，但正如邢安刚和许文兴(2012)在其研究中所指出的，由于城乡差距、社会偏见、创业教育缺失、创业环境欠佳等多重原因，总体上大学生农业创业的动机和意愿并不强烈。显然，从当前现实发展情况来看，大学生固然是我国现代农业建设力量的重要补充，但更为根本的发展动力无疑蕴藏于广大农民之中。

在本书中，我们将研究视野重点转向我国农民的农业创业行为与过程，借助主流创业理论探索农业创业活动背后的机理。鉴于以往研究未能形成比较完整的农民创业过程的分析框架，为了能更加系统地解读农民的农业创业活动，本书首先对农民的创业行为与过程进行整体分析并构建农民创业研究的概念框架；其次基于这一概念框架，尝试考察农业创业初期的四个关键行为，即产生农业创业意愿、识别农业创业机会、获取农业创业初始资源以及形成农业创业初期绩效。沿着上述关键行为的逻辑脉络，本书对于农民农业创业机理的思考与剖析重点在于回答以下问题：农民的农业创业意愿受到哪些因素的影响？农民识别农业创业机会的机制如何？农业创业的农民获取初始资源的效率如何决定？影响农业创业项目初期绩效的主要因素有哪些？

1.2　研究意义

张玉利等(2012)指出，当前创业研究领域正朝着两个方面不断深化：一是立足于解释和预测创业现象，探索创业过程的行为与要素之间以及各要素之间关系的内在逻辑和作用方式；二是致力于挖掘创业独特性，试图在总结现有理论的基础上进行创新，并对新的理论观点进行验证。总的来看，属于前一方面的研究占了大多数。尽管这一方面的研究有忽视构建独特的创业理论之嫌(Gartner & Birley，2002)，但就研究现状而言，我们对复杂的创业现象中的许多问题仍然知之甚少，依然需要大量的基础性工作来填补这些空白。

在理论方面，本书属于对创业研究领域经典理论的应用，即基于创业过程理论与主流观察视角对农民的农业创业行为与过程进行解释和分析，以期更好地把握农民群体的农业创业活动背后的主要机理。鉴于目前学术界缺乏系统分析农民农业创业机理的专门研究成果，因而本书在该方向上的粗浅尝试将有助于检验创业研究领域主流理论对农民农业创业活动的解释力，并为今后深入挖掘"三农"情境下的创业独特性积累研究素材。

在现实方面，农民创业被认为是当前经济社会发展形势下解决我国"三农"问题的有效途径，在推动农村社区建设、加快农业现代化发展、缓解农民就业困难、促进农民持续增收等方面发挥着不可小觑的作用。探索农民农业创业活动的内在机理，有助于更好地理解农民农业创业行为之间的逻辑脉络，有助于更好地掌握影响农民农业创业活动的重要因素，从而有助于建立和完善扶持农民农业创业的政策服务体系。

1.3 概念界定

清晰界定与创业有关的概念是创业研究得以顺利开展的重要基石。过去30余年间，来自多个学科的研究者出于不尽相同的研究目的，对复杂多样的创业活动的本质进行了刻画和描述。虽然这些尝试乍看下显得有些众说纷纭、莫衷一是，但对正处于前范式混沌阶段的创业研究而言，正是这些思想火花照亮了前行的方向和道路。在反复论证的过程中，学术界对创业的内涵与外延有了更加准确的把握和渐趋一致的认识。本书在阐释经典的创业与创业者概念的基础上，借鉴国内学者提出的农民创业有关定义，对农民农业创业这一贯穿本研究始终的核心概念进行界定，以明确本书的研究对象。另外，与具体研究主题和内容密切相关的重要概念将在后续章节的特定语境中加以介绍。

1.3.1 创业与创业者

自创业研究发端之时起，学者们就对创业(entrepreneurship)的定义展开了讨论。由于受到不同学科背景和研究目的的影响，创业学界对于创业内涵的界定曾一度众说纷纭。在创业研究的发端与初探阶段，学者们常常借助于描述创业者(entrepreneur)来定义创业。Knight(1921)认为，创业者就是在高度不确定性环境中进行决策并承担后果的人；Kirzner(1973)则认为创业者是对变化着的环境或者被普通人忽视了的机会保持机警的人；Wilken(1979)认为由于一些人具有创造力、胆量和进取精神而成为了创业者。

创业研究进入丛林化阶段后，那些基于创业特质论而给出的定义日渐被学者们所摒弃，取而代之的是那些能够刻画与描述创业本质的观点。其中，Gartner(1985)、Shane 和 Venkataraman(2000)对于创业内涵的阐释受到了大多数学者的认可，从而在一定程度上澄清了创业的定义与外延。Gartner(1985)在其研究中将创业定义新企业的创建过程；而 Shane 和 Venkataraman(2000)则认为创业包含了机会识别、利用和开发，并指出创业活动并不要求但可以包括新组织的创业活动。

1.3.2 农民创业

虽然国内农民创业研究日渐深入，但与“创业”的定义一样，已有研究对“农民创业”的界定同样未能达成共识。其中，吴昌华等(2006)、郭军盈(2006b)以及韦吉飞(2010)等人的定义被较多研究引用。

吴昌华等(2006)将农民创业定义为辨识、开发和利用机会能力强的农民在寻找或开拓市场空间的基础上，通过重组现有生产要素、创新经营方式和开辟新的生产领域，以达到自身利益最大化和扩大劳动力就业的目的。郭军盈(2006b)认为农民在创业过程中，依托家庭组织或者创建新的组织，通过投入一定的生产成本，依托农村，通过扩大现有的生产规模或者从事新的生产活动，开展一项新的事业以实现财富增加并谋求发展。而韦吉飞(2010)则认为农民创业是指农民以家庭为依托，通过组织城乡资源，开展以实现财富增加或谋求发展机会为主要目的的商业经济活动。

1.3.3 农民农业创业

对“农民农业创业”的界定是本书一切研究工作的起点，而对这一概念进行清晰界定的前提是先弄清楚何谓“农业创业”。相比非农领域的创业行为，农业创业呈现出主体差异显著、组织方式多样、创业起点模糊等特征，这对恰当地界定农业创业提出了挑战。

本书认为，一个合乎情理同时又便于研究的农业创业的界定是必要的，它应当与发展至今的创业本质思考相一致，同时也应该尽可能贴近客观现实。由于创业研究涉及的学科众多，包括经济学、管理学、社会学、心理学等，不同学科基于不同的理论和研究目的对创业进行了界定。考虑到本书将农业创业行为视为一项经济管理活动，所以对农业创业的界定将限于经济管理领域（据此，成为农业技术特派员或从事与农业有关的行政性工作等行为则不属于本书所界定的农业创业范畴）。

Schumpeter（1934）认为创业就是创造或实现新组合的过程（如新产品、新流程、新市场、新的组织形式或者新的供应源等要素的组合）。Gartner（1990）则认为，创业就是创建新企业。在后续的研究中，大多数学者认为把创业仅仅理解为创建新企业是片面的。针对农业创业，一方面，将创业活动限于创建新企业将与现实产生更大的出入；另一方面，农业生产、经营的规模是否是判断创业行为的必要条件值得商榷。事实上，既存在投资规模巨大的农业企业，也有规模尚小却极具创新特质的创业活动。

在借鉴、比较和思考的基础上，本书将农业创业的定义界定如下：

农业创业即在农业及相关涉农行业中，在寻找或开拓市场空间的基础上整合各项资源，依托现有组织或创建新的组织所进行的以追求利益和实现发展为目的的高风险的商业活动。

进而，本书将农民农业创业的定义界定如下：

农民农业创业是指农民在农业及相关涉农行业中，在寻找或开拓市场空间的基础上整合各项资源，依托现有组织或创建新的组织开展高风险的商业活动，以追求利益和实现发展。

特别需要说明的是，虽然有学者认为农民专业合作组织是农民农业创业的重要形式之一，但考虑到农民专业合作组织在经营管理与利益分配方面的特殊性，本书未将其纳入农民农业创业范畴。因而，从创业组织形式来看，本文研究中涉及的农民农业创业的组织形式主要包括个体户、合伙企业、个人独资企业以及有限责任公司这四种。

1.4 研究方法和技术路线

1.4.1 研究方法

本书以国内外已有研究成果和实地调研数据为基础，拟对农民视角的农业创业行为与过程进行分析。在具体的研究过程中，综合运用了文献阅读、实地调查、统计分析等研究方法，现说明如下。

(1) 文献阅读法。文献检索和阅读是学术研究必不可少的方法，它可以为具体的研究工作提供理论参考、研究思路以及方法借鉴。同样，本研究的展开也离不开对国内外已有相关文献的归纳和总结。例如，通过回顾创业研究的发展历程和观察视角，本书得以把握创业过程理论在创业研究领域内的主流地位，了解各个观察视角的研究内容与分析思路，从而为构建农民创业研究的概念框架奠定了基础。

(2) 实地调查法。实地调查是基于事先设计好的调查表格和问卷所进行的实地调研。问卷的内容涉及受访农民的个体特征、社会网络、资源禀赋、外部环境等多个要素层面，并根据调查群体的不同分别纳入了有关创业关键行为的题项。为保证数据统计资料的真实性和可靠性，在正式调查之前，通过假想式分析对问卷内容反复多次修改，然后进行实地调查。调查方式主要是通过课题组成员与农户的面对面访谈的方式进行。

(3) 计量分析法。为了判断一个变量是否对另一个变量具有因果效应，需要借助于计量分析法来保证其他的相关变量都保持不变(Wooldridge，2002)。在具体分析时，本研究采用 Multinomial Logit 模型分析农民创业意愿的影响因素；采用样本选择 Probit 模型(Probit model with sample selection)分析农业创业机会的识别机制；采用 OLS 回归方法分析农业创业农民的初始资源获取效率和农业创业项目初期绩效的影响因素等问题。

1.4.2 技术路线

本书的技术路线如图 1.1 所示。

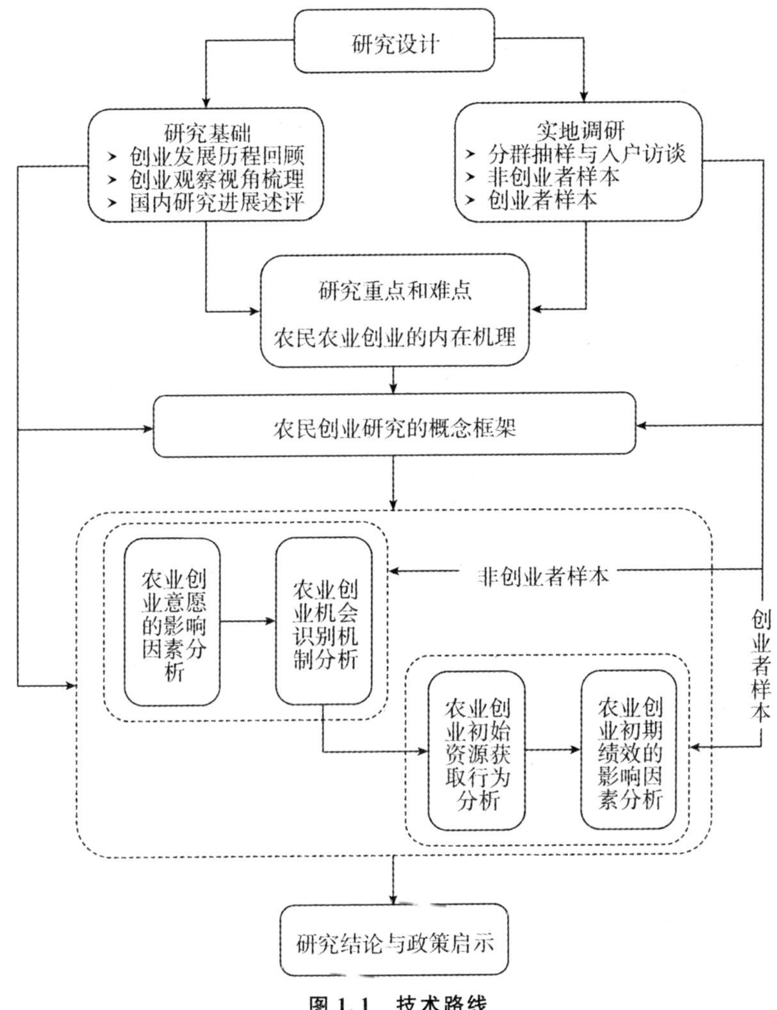

图 1.1 技术路线

1.5 研究内容

本书共分 8 章，章节内容安排如下：

第 1 章为绪论。本章提出本书拟研究的问题，阐述其理论与现实意义，对研究涉及的核心概念进行界定，并进一步介绍研究思路和研究方法，制定内容框架，最后提出本书可能的创新之处。

第 2 章为研究基础。本章首先结合纵向回顾创业发展历程与横向梳理创业观察视角两种方式，细致分析了创业研究的经典理论与重要成果，然后从多个角度介绍了国内农民创业研究的进展，最后在对以往研究进行简要评价的基础上提出本书的研究方向。

第 3 章为概念框架与调查说明。本章第一部分采用 Dubin 的理论构建方法，借鉴创业过程理论，构建农民创业研究的概念框架。本书后续章节的研究都将基于该概念框架而展开；第二部分则从调查对象、抽样情况、问卷结构以及样本概况等方面对本书的调查设计进行说明。

第 4 章为农业创业意愿的影响因素分析。本章首先对创业意愿的产生机制和影响因素加以总结，特别是对国内农民创业意愿的相关研究进行了梳理；在此基础上构建农民创业意愿影响因素分析的实证框架，继而利用非创业者样本数据对提出的研究假设进行检验，并对实证分析结果展开讨论。

第 5 章为农业创业机会识别机制分析。本章首先梳理创业机会识别的分析范式和影响因素，在了解国内农民创业机会识别研究进展的基础上，构建涵盖个体、网络、环境等要素层面的实证框架，同样采用非创业者样本数据对有关研究假设进行了验证。

第 6 章为农业创业初始资源获取行为分析。本章首先基于不同产业、创业组织形式和农业细分行业，对农民创业者的初始资金、劳动力及技术资源的获取规模和途径进行了比较分析，进而判断农民在获取创业初始资源时具有较高的自给水平。然后以此为出发点，将初始资源自给水平这一因素纳入农民创业初始资源获取效率的实证框架中，利用农业创业的农民样本数据得到的模型估计结果验证了初始资源自给水平对农业创业初始资源获取效率的正向影响。

第 7 章为农业创业初期绩效的影响因素分析。本章从生存绩效的维度考察了农业创业项目的初始绩效，利用农业创业的农民样本数据对农民创业初期绩效影响因素的实证框架进行了检验，结果显示：管理工作经历、讨论网密度、亲友中任公务员的数量以及初始资源获取效率对农民农业创业初期的生存绩效具有显著的影响。

第 8 章为研究结论与政策启示。本章首先对前文的实证研究结果进行总结，从研究结论中提炼出一些政策启示，最后对本书存在的不足之处进行了描述。

1.6 可能的创新之处

本书力争在以下几个方面与以往研究有所区别或改进：

第一，在研究对象上，本书聚焦于农业领域内的农民创业活动。在我国大力发展农业现代化的背景下，农业创业活动正日益受到政策层的重视，从中央到地方，各级政府纷纷出台了许多促进农业创业的优惠措施。尽管近年来一些学者从缓解大学生就业困难以及提升农业劳动力整体素质的角度出发，对大学生农业创业问题进行了讨论，但从当前现实发展情况来看，大学生只能作为我国现代农业建设力量的重要补充，更为根本的发展动力无疑蕴藏于广大农民之中。然而一直以来，国内农民创业研究的工作重心始终在非农领域，导致专门针对农民农业创业活动的研究成果相当匮乏。由此，本书以农民农业创业活动为对象而展开的研究努力将在一定程度上填补由于以往农民创业研究重视非农领域忽视农业领域而导致的学术空白。

第二，在研究框架上，本书摆脱了以往多数农民创业研究文献仅对农民是否创业或者是否具有创业意愿进行分析的简单思路，而是基于创业过程理论构建了一个涵盖创业意愿产生、创业机会识别、初始资源获取和初期绩效形成等关键创业行为的农民创业研究的概念框架，并将其运用于探索农民农业创业活动的内在机理。这在已有研究中尚属首次。这使得本书的工作能够较以往更加深入农民创业的“黑箱”，分解并剖析农民创业选择或创业决策背后的一系列行为。虽然农民的创业选择或创业决策是最先进入观察视野的信息，但对其背后一系列关键行为的解读将有助于更加准确地把握农民创业活动的一般规律及其特殊性。

第三，在研究方法上，本书侧重于采用实证分析来检验主流创业理论对农民农业创业活动内在机理的解释力。以往研究中普遍运用的定性研究方法难以客观衡量不同因素在农民创业过程中所发挥的作用大小。而本书将计量模型引入到农民农业创业机理的研究之中，在丰富了分析问题方法的同时，也为今后的深入研究积累了一定的经验证据。

2　研究基础

日趋活跃的创业活动已经成为经济发展和社会进步的重要推动力量。受到具有独特性与复杂性特点的创业现象的驱动，学术界展开了积极的理论探索。尤其是20世纪80年代以来，创业研究方兴未艾，来自经济学、管理学、心理学、社会学、法学、教育学以及公共政策学等诸多领域的学者们基于不同的学科视角或解释逻辑，对创业进行了广泛的研究。虽然相对于蓬勃发展的创业实践，创业在学术研究中仍是一个十分年轻的领域（Cooper，2003），但其作为展望未来世界变化与促进经济社会发展的重要议题已经成为大多数学者的共识（Acs & Audretsch，2003，2010）。本章将梳理国内外有关创业研究的关键文献，尝试从宏观上把握创业研究的脉络与重点。对研究基础的综述将沿着下面的逻辑展开，首先将创业研究的发展历程划分为三个阶段并加以回顾，然后分别阐述与本书研究密切相关的四个创业过程的观察视角，在此基础上介绍国内农民创业研究，特别是有关农民农业创业方面的进展情况，最后对以往研究进行适当评论，同时指明本书的研究方向。此处需要说明的是，与后续章节具体研究问题紧密联系的文献综述将在相应章节的特定语境中展开。

2.1　创业研究的发展历程

一般来说，我们认为学术界对创业现象的分析可以追溯至18世纪中期，在经历了两个世纪相对缓慢的发展之后，于20世纪80年代迎来了创业研究的重要转折期(林强等,2001)。尽管不少学者都认同创业领域尚未形成比较成熟的理论体系和较为一致的研究范式(Low & MacMillan,1988;Aldrich & Baker,1997;Shane & Venkataraman,2000),但不可否认的是在进入21世纪后,伴随着快速增长的文献资料、不断涌现的研究主题、日益多元的观察视角和持续改进的分析方法,创业研究的独立性和合法性渐渐清晰,逐步成为了一个富有吸引力的独特的研究领域。已有学者将上述创业研究的发展历程大致分为三个阶段进行了介绍(郭晓丹,2010)[①],本书在借鉴这一思路的基础上,结合张玉利和杨俊(2010)所指出的几个关键转变,分下面三个阶段来回顾创业研究的发展历程:发端与初探阶段(18世纪至20世纪80年代中期),丛林化阶段(20世纪80年代末期至20世纪末)以及独立性探索与整合阶段(2000年以来)。[②]

2.1.1 发端与初探阶段

从1755年法国经济学家Richard Cantillon将"entrepreneur"一词引入经济学领域开始直至20世纪80年代中期,创业研究经历了十分漫长的发端与初探阶段。以讨论创业者与创业活动的经济功能为核心的功能观和以建构识别创业者的科学途径为己任的特质论是这一时期最具影响力的研究成果。

2.1.1.1 创业功能观

当人类社会开始进入资本主义萌芽时期,原本制约着创业活动的封建体制逐步消亡,创业活动日渐繁荣并在推动经济发展方面发挥着越来越显著的作用。最早关注这一现象的是一些经济学家,他们借由经济学的观点探讨创业者与创业活动所具有的基本功能,其中代表性人物有Richard Cantillon、Jean Baptiste Say、Frank Knight和Joseph Schumpeter等。

Richard Cantillon明确肯定了创业者在经济系统中的地位,并首先提出

---

① 郭晓丹在研究中将创业研究的历程划分为探讨与发端阶段(18世纪至20世纪70年代)、研究丛林阶段(20世纪70年代至20世纪末期)、独立性和合法性的日渐成熟阶段(2000年以后)。

② 本书对创业研究发展历程的划分方式与郭晓丹(2010)研究中的划分方式最大的区别在于,本书为了凸显创业研究从关注创业者特质向关注创业行为和过程的转变,而将特质论归入了第一个阶段中。

创业风险与不确定性的概念。他认为创业者通过承担“以固定价格买入，但以不确定价格卖出”导致的风险而赚取不确定和非契约性的报酬。因此为了获利，他们需要对环境变化保持警觉性和前瞻性。正是创业者及其套利行为的存在才使得市场供需达到均衡(Cantillon，1990)。Knight(1921)继承并发展了这一思想，认为创业者是那些具有能力处理不确定性的人，在组织中往往扮演着不确定性决策者的角色。他们因相信并在行动中坚持自己的判断而专业于承担风险。

Jean Baptiste Say(1803)是第一个强调创业者管理角色的经济学家，他进一步扩展了 Cantillon 提出的创业者职能，指出他们既是生产和销售过程的协调者，同时也是领导者和管理者。Say 认为任何产业的工作都包括创造知识、运用知识和具体执行这三类截然不同的活动。其中，由创业者担负的知识运用活动则是一个国家或地区经济发展最为关键的因素。此外，他还指出创业者职能的多重性不仅要求他们具有出色的判断力和毅力，还要求他们具备丰富多样的知识以及高超的管理艺术，这使得创业者的供给数量十分有限。与 Cantillon 不同，Say 认为创业者可能会投入自有资金以开展创业活动并承担相应风险，而不是完全从资本市场获得资金。

Joseph Schumpeter(1934)在其开创性的研究中，试图构建一种基于变化状态的新经济增长理论，以挑战基于均衡状态的经济理论。在他的思想体系中，创新是经济增长的首要因素并内生于动态的经济系统中。创业是实现创新的过程，创业者通过引入生产要素的新组合，打破旧的经济均衡并建立更高层次的新的均衡。Schumpeter 认同创业者是创新者和领导者，但反对创业者是风险承担者、管理者或资本家的观点。基于所承担的创新职责，创业者必须具备一系列杰出的品质和一些独特的心理动机。这些动机包括：(1) 追求实现梦想以获得社会声望；(2) 渴望成功本身而非成功的结果；(3) 享受创新的愉悦和变化的快乐。他还认为创业者的供给数量因为上述罕见的动机而受到限制。

虽然在很长的一段时间里，经济学家们基于经济学范式构建创业理论的努力未能取得实质性进展，创业者和创业活动长期被主流经济学观点视为对经济周期性运行有着重要影响的外生因素之一，但正是少数“非主流”经济学家对创业者与创业活动在经济系统中的角色和作用的敏锐感知与朴素阐释启发了后续研究者，为 20 世纪 90 年代创业经济学理论的兴起奠定了基础。而更为深远的影响在于，经济学家的观点激发了社会科学领域对创业者与创业活动的研究热情，创业特质论随之蓬勃发展起来。

2.1.1.2 创业特质论

不难发现，在经济学家的观点中，创业者被赋予了一系列超凡职能，包括承担风险、处理不确定性、追逐利润以及实现创新等，因此他们需要具备出色的品质和不凡的能力。由此便得出了创业者是天生的而非后天培养的，创业是少数人从事的特殊活动的基本论断。基于这一论断，如何从芸芸众生中识别那些天生适合成为创业者的个体，自然成为创业研究需要进一步回答的问题。与经济学家对创业者的冗长描述不同，心理学家首次使用了更加精炼的专业术语来概括创业者的特征，这在学术界引起了强烈反响，由此开启了二十余年由创业特质论主导的理论探索历程。

早期的创业者特质研究主要来源于心理学领域。许多学者借助相关心理学理论，尝试分析创业者与非创业者、创业者与管理者以及创业者群体内部的差异，并提炼出一系列用以识别创业者的独特人格心理特质。其中，风险倾向(Risk Propensity)、成就需要(Needs of Achievement)和控制源(Locus of Control)是讨论相对较多的几项内容。

风险倾向作为最早被识别出来的创业者特质，一直是学术界重点研究的内容。无论是 Cantillon 和 Knight 等经济学家的理论推演，还是人们对创业活动的直观判断，都认为创业者应该是风险承担倾向较高的一个群体。但是随着相关实证研究的展开，部分学者提出了相反的看法(Meyer，Walker & Litwin，1961；Litzinger，1963)。Brockhaus Sr.(1980)在清楚界定创业者概念的基础上，采用两难选择问卷①比较了创业者和职业经理(包括改换单位和改换职位两种情况)群体，结果显示三者的风险承担倾向没有显著差异。之后，尽管学者们不断改进抽样方法与测量工具，但是始终未能取得一致的研究结论。

---

① Choice Dilemmas Questionnaire(CDQ)，由 Kogan，N. 和 Wallach，M. A.(1964)开发。该问卷提供了 12 个假设场景，用来考查被调查者在日常生活中的风险偏好。Kogan，N. & Wallach，M. A. Risk Taking：A Study in Cognition and Personality. New York：Holt，Rinehart & Winston，1964.

最早系统研究成就需要概念的是美国哈佛大学心理学教授Henry Murray，他发现成就需要促使人们追求较高的目标、完成困难的任务、参与竞争并超越他人（Murray，1938）。随后，McClelland（1961）在《成就社会》一书中继承并发展了这一理论，指出创业者是具有高度成就需要的个体。与风险倾向相类似，学术界对成就需要在识别创业者方面所起的作用的实证检验结果也存在互相矛盾的状况（Johnson，1990）。一些研究证明了创业者相比经理人具有更高的成就需要（Begley & Boyd，1987），但是另一些研究却发现两者的成就需要水平不具有显著性差异（Cromie & Johns，1983）。

相比之下，学术界对控制源特质的研究结论则显得较为一致。Rotter（1966）根据“在生活中对事件控制能力的自我感知”把人分为内控制源和外控制源两类，前者更愿意认为自己能够控制身边的事情，而后者则倾向于相信外部力量决定着事情的发展。Rotter认为创业者应属于前者，后续的一系列研究支持了这一观点（Hornaday & Aboud，1971；Brockhaus Sr.，1975、1980；Cromie & Johns，1983）。与此同时，部分学者开始关注控制源与其他人格心理特质或认知因素之间的关系。Borland（1975）通过一项面向商学院学生的调查，发现那些倾向于创业的学生同时具有较高的成就需要和内控倾向，并且内控倾向能够调节成就需要对创业意向的影响。而Gilad（1982）的研究则进一步将控制源特质与创业的认知因素联系了起来，指出具有内控倾向的人会表现出更高的创业警觉，从而能发现被其他人忽略的创业机会。

可以说，创业研究自发端之日起便建立在创业者与非创业者之间存在差异这一逻辑假设之上，由特质论主导的创业研究在二十余年里致力于提炼创业者的独特人格心理特质并试图据此构建识别创业者的科学途径。包括上述风险倾向、成就需要和控制源在内，学者们提出并论证了众多的特质，又如模糊容忍度（Ambiguity Tolerance）（Hornaday & Aboud，1971；Dollinger，1983）、创新性（Innovativeness）（Tibbits，1979；Casson，1982；Gartner，1989）等。但是特质论对于定义“谁是创业者”的努力却从未真正成功过，几乎每一项创业者特质都遭遇了实证检验结果互相矛盾甚至冲突的挑战。20世纪80年代中期，特质论在反复证实和证伪之间鲜有建树，学者们之间甚至难以形成建设性的对话，创业研究陷入了止步不前的尴尬境地。

20世纪80年代末期，一些学者开始在喧嚣中反思创业特质论。他们的研究主要围绕三个方面的问题展开：第一，探索创业特质论在研究设计和分析方法上的改进空间；第二，揭示创业特质论研究结果相互矛盾的根本原因；第三，摸索创业研究的出路（张玉利、杨俊，2010）。其中，Gartner、Low 和 MacMillan 在这一领域的研究功不可没。Gartner（1985a、1988）认为创业特质论所依托的基本假设存在片面性，并且正是这种片面性导致了特质论研究结果缺乏一致性的困境。从逻辑上讲，创业特质论把“同等条件下，有的人成为创业者而另一些人却没有”归因于创业者具备一些独特的人格心理特质。沿着这个思路，倘若学者们真的识别出了创业者群体的共同特质，且这些特质是其他人所不具备的话，创业特质论则可堪称完美。可是，大量研究结果却未能将这一希望变为现实。一方面，学术界始终没有识别出创业者群体所独有的共同特质；另一方面，那些被识别出的特质数量惊人且互相矛盾，几乎无法在现实中找到与之相对应的个体。由此可见，并非每位创业者都具备相同特质，创业者之间的差异并不比创业者与非创业者之间的差异小。据此，Gartner（1988）提出创业研究应着力于识别并归纳创业者在创建新企业过程中的行为与活动及其内在规律。Low 和 MacMillan（1988）则从更广阔的视角评价了创业研究的现状，指明了创业研究的出路与前进方向。两位学者强调了超越以往拘泥于创业者特质的描述性研究，从多个层面分析创业行为和揭示创业活动本质规律的重要性，并进一步拓展了创业研究的边界，指出创业研究应关注新企业生成与初期成长的连续性过程。

需要指出的是，尽管特质论在证明创业者不同于非创业者方面的尝试以失败告终，但创业者特质在创业过程中的作用并没有被否定。学者们相信了解创业者的人格心理特质将帮助人们更完整地理解创业（Gartner，1989；Venkataraman，1997；Shane & Venkataraman，2000）。此后，有关创业者特质的研究日趋转向探寻其对创业行为的影响机制，并通过借鉴社会心理与认知领域的成熟理论而逐步发展出更具解释力的创业理论，最终促成了认知视角下的创业研究的兴起。

2.1.2 丛林化阶段

20 世纪 80 年代末期以后，创业是少数人受天赋驱动的特殊活动的片面观点被越来越多的学者所摒弃，与之相对应，聚焦于创业行为和过程的研究则迅速兴起并受到学术界的普遍重视。来自经济学、心理学、管理学、社会学等众多学科领域的学者倾注了大量精力，从不同的学科背景和理论视角出发解读创业现象，从而形成了创业领域理论林立、流派纷呈的繁荣局面。截至20世纪末期，创业研究经历了飞速发展的黄金十年。

这期间，两股新生力量在创业研究领域开始崭露头角并迅速占据了主导地位：一股力量在系统批判特质论的基础上，关注新企业出现之前的组织生成过程，致力于挖掘新企业生成过程中的创业活动规律；另一股力量则聚焦于新企业出现之后的生存和成长阶段，力图解释新企业生成之后的绩效差异问题（张玉利、杨俊，2010）。

2.1.2.1 创业本质刻画

与特质论一样，任何创业理论都面临一个难题，即如何科学地刻画和描述创业活动。如果说特质论关于创业活动的主张因其过于片面而偏离客观事实，那么聚焦于创业行为和过程的研究就需要对创业本质有更加全面且合理的认识。具体来说就是回答：创业活动中包含了哪些关键要素和关键行为，这些关键要素和关键行为之间具有什么样的内在联系，是否所有的要素和行为都可以加以学习和管理？对这些问题的上下求索成为了这一时期创业研究的核心内容之一，学者们不断澄清和深化创业本质，挖掘创业活动规律，并积极构建创业过程的研究框架（Gartner，1985a；Wickham，1998；Sahlman，1999；Timmons，1999；Shane & Venkataraman，2000；Bruyat & Julien，2001；Busenitz，West & Shepherd et al.，2003）。其中，Gartner、Timmons 以及 Shane 和 Venkataraman 的成果被认为是这一研究领域的经典之作。

1985 年，William Gartner 在《管理学评论》杂志上发表了《描述新企业创建现象的概念框架》一文，把创业定义为“新企业的创建过程”，并围绕创业者、组织、环境和过程四个要素对创业现象进行了透视（Gartner，1985a）。他提出的关于新企业创建过程的概念框架（如图 2.1 所示），至少做出了以下两个方面的重要贡献：第一，克服了以往研究将创业视为单一维度现象的弱点，指明创业是一个涉及多个维度的复杂现象。对单个维度的描述与分析仅仅只是了解了创业的某一方面，不足以完整地解释创业活动。第二，强调了新企业创建过程中不同维度之间的相互作用，从而有助于更加深刻地理解创业活动的复杂性。应该说，Gartner 的研究极大地推动了对创业本质认识的深入，学术界不再把创业者及其创办的企业视为不变的、同质的集合，开始认识到每个新企业的创建过程都是由一系列关键要素所形成的一个复杂而独特的组合。在这之后，许多学者致力于识别和提炼创业过程的关键要素与关键行为，挖掘其中的理性成分并归纳背后的一般规律，产生了一大批关于创业过程理论模型的研究成果，从而进一步强化了对创业过程复杂性和动态性特征的认识。

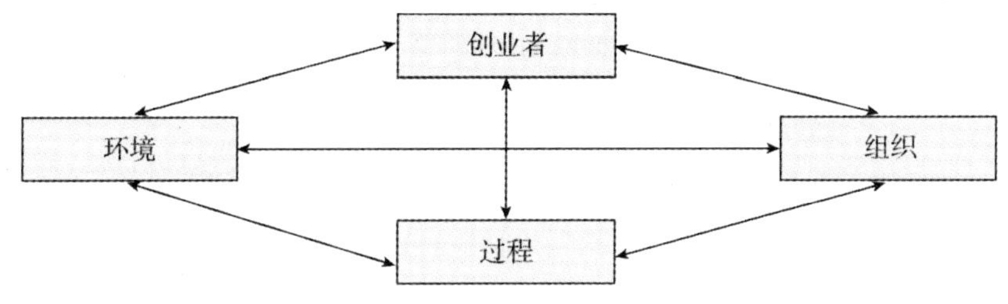

图 2.1　Gartner 的新企业创建过程概念框架

资料来源：Gartner(1985)。

虽然最初多数的创业过程理论模型仅侧重于复杂性和动态性特征中的某一方面，但是随着研究的深入，一些融合复杂性与动态性的理论模型被提了出来。Jeffery Timmons 在《新企业创立：21 世纪的创业学》一书中所阐述的创业过程理论模型则是其中最具影响力的模型。Timmons(1999)认为创业是一种思考、推理和行为过程。他所构建的理论模型如图 2.2 所示，一方面，以机会、团队及资源三大关键要素精炼概括了创业过程的复杂性，并指出创业机会是整个过程的核心要素，创业资源是过程推进的必要支持，而创业团队则是发现和开发机会、整合资源的主体；另一方面，重点描述了机会模糊性、市场不确定性、资本市场风险以及其他外生因素影响下的关键要素之间的动态匹配过程。在他看来，要实现要素之间的弹性平衡，扮演决策者角色的创业团队需要具备一定的创造力、领导力和沟通能力。在创业初期，创业团队的决策重心在于挖掘和选择合适的机会，并迅速组织所需资源以把握机会；而随着新企业的建立与壮大，它将面临更加复杂的市场环境和更为严峻的竞争挑战，此时创业团队的决策重心则应转向合理配置各项资源和规范建设管理体系，以提高自身应对风险的综合能力。显然，Timmons 的创业过程理论模型高度适应了创业过程的复杂性和动态性特征，为分析创业现象提供了一个颇为有力的系统性手段。

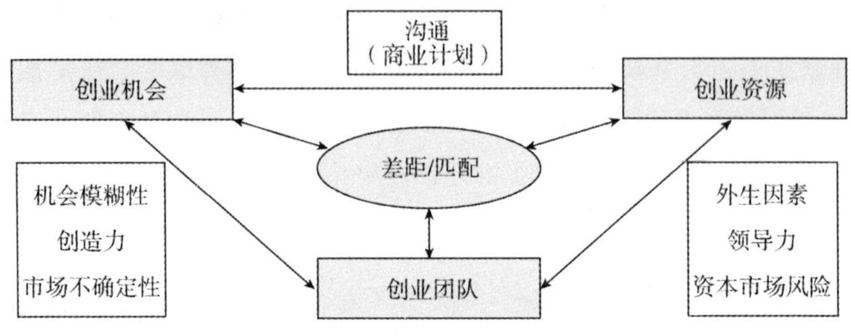

图 2.2　Timmons 的创业过程理论模型

资料来源：Timmons(1999)。

毋庸置疑，致力于挖掘新企业生成过程中的创业活动规律的研究努力使人们远比过去的任何时候都更接近创业的本质。但不可否认的是，以往研究通常是基于自行给定的诸多元素展开讨论，这使得创业研究的定义和框架含混不清，也欠缺适当的理论基础。Shane 和 Venkataraman 于 2000 年在《管理学评论》杂志上发表的《创业作为一个研究领域的前提》一文则改变了这一局面。正如图 2.3 所示，他们在文中提出了一个以创业机会的发现、评价和开发为主线的创业研究概念框架，试图为创业研究领域搭建统一的理论平台(Shane & Venkataraman，2000)。两人独树一帜的研究令人耳目一新，论文一经发表，立即引起了学术界的广泛讨论和持续关注。他们指出，根据"谁是创业者"或"他做了什么"来定义创业，会导致无法成功捕捉"机会"对创业的影响，容易使人们忽略对创业机会本身的衡量以及不同个体所识别的机会的质量差异。因此，他们把创业定义为对创业机会进行识别、评价和开发，进而创造出商品和服务的过程。此外，两人还指出，创业活动并不必然伴随着新

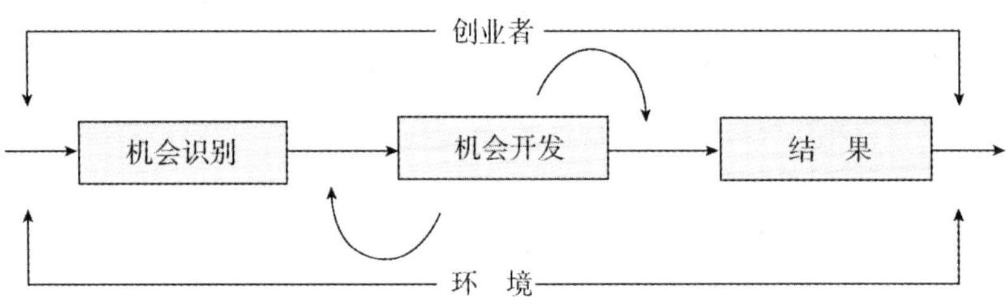

图 2.3　Shane 和 Venkataraman 的创业研究概念框架

资料来源：Shane，S. & Venkataraman，S.(2000)。

组织的产生，在既有组织中也可以发生创业行为。不难发现，与以往成果相比，Shane和Venkataraman的研究特色在于：第一，把创业机会作为创业研究的核心要素，关注机会的来源、发现和开发；第二，相较于环境因素，更重视考察个体在围绕机会展开的一系列关键活动中的影响；第三，拓展了创业研究的边界。

从Gartner的新企业创建过程概念框架到Shane和Venkataraman的创业研究概念框架，创业研究在挖掘新企业生成之前的创业活动规律的研究方向上取得了丰硕的成果，极大地深化了对兼具复杂性和动态性特征的创业现象本质的理解。尤其是Shane和Venkataraman围绕创业机会这一关键要素所取得的研究进展，为创业研究开辟了十分独特的领域。这是因为：从实践层面来看，创业机会的确是一切创业活动的起点；而从理论层面来说，创业机会又是目前其他学科尚未涉及的范畴。在两人"诱人的、富有挑衅性的"研究成果的引领下，越来越多的学者开始关注和投身于创业机会的研究，不断丰富以机会的识别、评价与开发为主线的创业过程理论框架。而更为深远的意义在于，以创业机会为核心内容的创业研究得以从缺乏清晰边界和独特变量的混乱中突围，开始展现出成为一个独立学科的潜力与可能性（Singh，2001）。

2.1.2.2 绩效差异剖析

与探究新企业创建过程一般规律的研究同时登上该阶段创业研究舞台并占据主导地位的另一股力量，来自于一些学者对新企业出现之后生存和成长表现的关注。这一方向的研究力图解释新企业生成之后的绩效差异，通过借鉴诸如战略、组织或资源等领域的成熟理论和方法工具，产生了许多有价值的研究主题，并积累了大量的研究文献。

部分学者运用战略领域内的成熟理论来解释为什么有的新企业成长得更快。他们的研究摆脱了新企业绩效仅受创业者特质影响的传统思路，认为新企业所进入的产业的结构和所采取的战略同样会对绩效产生影响。首先阐述这一观点的学者是Sandberg和Hofer（1987），他们通过实证分析产业结构、战略及创业者特质对新企业绩效的影响后发现，相比单个因素，因素之间的互动对新企业绩效的影响更大。若不考虑三者之间的交互作用，那么比起战略和创业者特质，产业结构对新企业的绩效将发挥更为重要的作用。两人的研究引发了学术界对以市场进入方式为核心的新企业初始战略的兴趣，并揭示了分产业研究战略以及创业者特质对新企业绩效影响的科学性和必要性。一系列后续研究进一步细化并丰富了这一主题,一方面,环境、组织结构等重要因素被识别和引入进来;另一方面,有关变量的选择和界定也日益科学,从而不断增强基于战略理论的新企业绩效差异分析的解释力(Covin & Slevin,1989;Romanelli,1989;Covin & Covin,1990;Duchesneau & Gartner,1990;Gilbert,McDougall & Audretsch,2006)。

除此之外,资源基础理论也为充分揭示新企业绩效差异成因提供了分析思路。概括来说,资源基础理论认为任何企业都是一系列资源的集合体,企业的市场表现取决于它所拥有的这些资源是否具有稀缺性和不可替代性。这样一来,新企业绩效差异将不仅受到产业结构、市场环境、战略及创业者特质等因素的影响,新企业创建时带入的资源存量也发挥了重要作用。沿着这一逻辑,一些学者试图归纳影响新企业生存和成长表现的关键资源。在识别出的众多资源类型中,财务资源和人力资源因其与新企业绩效最息息相关而吸引了较多学者的关注(Lippitt & Schmidt, 1967; Quinn & Cameron, 1983; Churchill & Lewis, 1987; Scott & Bruce, 1987; Hanks, Watson & Jansen et al.,1993)。到了20世纪末,资源基础理论与创业研究之间的关联进一步得到重视。Alvarez和Busenitz(2001)在前人研究的基础上拓宽了创业研究背景下资源基础理论的研究边界,认为创业者识别、评价和开发创业机会所需的资源以及将同质化输入转化为异质性输出的组织管理能力等要素都可以被称作创业资源。两人的研究显著强化了资源基础理论对整个创业过程的解释力度,从而促进了资源视角下创业行为与绩效研究的兴起。

同一时期,一些学者观察到创业者并非是孤立的,而是嵌入于某个特定的社会网络之中。事实上,他们在社会网络中的位置、所属网络的结构特征以及网络中其他主体等因素都会在一定程度上推动或阻碍其创业活动(Granovetter,1985)。这一观点直接促成了社会网络视角在创业研究领域的出现与兴起,越来越多的学者将创业者及其行为置于一个由众多行为个体组成的社会网络中加以剖析,以期回答社会网络以及蕴含于其中的社会资本如何影响创业行为与创业绩效等基本问题。Hansen(1991,1995,2000)的系列研究是该视角下颇具影响力的代表性成果。论其研究特色,主要在于他提出了创业行动集的概念，从而把与创业活动紧密联系的那部分网络从整个社会网络中分离出来(Hansen,1995)，并分阶段考察了社会资本与创业活动间的联系(Hansen,2000)。之后，Greve 和 Salaff(2003)沿袭了 Hansen 的研究思路，进一步分析了创业者社会资本在不同创业阶段的变化，并提出以讨论网代替对创业者整个社会网络的研究。

总的来说，学术界针对创业绩效差异成因的探索在众多不同学科学者的共同努力下不断深入，但由于自身缺乏独特的理论基础与方法工具，因而相关研究主题显得较为分散，所取得的研究成果也未能形成一定的体系。此外，令人颇为遗憾的是，这一阶段的研究未能较多地涉及新企业绩效如何实现这一更深层次的问题，对复杂的新企业成长现象的解释仍显浅略了些。值得一提的是，在探索新企业绩效差异成因过程中萌发的一系列创业行为观察视角，在之后的创业研究中超越了最初设定的分析范畴，不断延伸至新的研究主题，日益成为研究创业行为与过程的有力工具。

毫无疑问，20 世纪 80 年代末期至 20 世纪末的短短十余年时间是创业研究的关键转折时期。这一时期，创业研究从关注创业者特质向关注创业行为与过程的转变，极大地拓宽了创业领域的研究视野，从根本上扭转了由于基本假设的片面性导致的停滞局面。来自众多学科领域的学者们运用不同的理论视角和方法工具，致力于挖掘创业过程的本质规律和剖析创业绩效差异的成因，广泛涉及了创业现象的大多数主题，推动着创业研究迅速成长为社会科学领域最具发展潜力的新兴领域。期间所累积的大量成果，亦为日后创业研究展开独立性探索与学科整合奠定了扎实的知识基础(张玉利、杨俊,2010)。

2.1.3 独立性探索与整合阶段

进入 2000 年之后，国际主流管理类期刊(包括 JOM、SMJ、AMJ、IBR 等)纷纷出版以创业为主题的特刊，而专门探讨创业问题的学术期刊(诸如 JBV、ET & P、SBE 等)也开始崭露头角并呈现出迅猛的发展势头。创业研究正日益受到主流学术界的重视，吸引了越来越多的学者投身其中。然而，尽管身处炙热的创业研究氛围之中，仍然有部分学者冷静地提出“创业研究仍缺乏作为独立研究领域的合法性”、“创业研究还处于大杂烩状态”等客观论断

(Gartner,2001;Low,2001;Cooper,2003)。这些主张促使学者们不仅试图通过梳理已有研究成果来把握未来的研究方向和主题,而且开始尝试站在学科发展的高度探索创业研究自身的定位与前景。创业研究由此进入了独立性探索与整合阶段,并持续至今。这一时期,我国的创业研究迅速兴起并快速跟上西方前沿的发展步伐,同时通过努力开展扎根于中国独特情境的创业理论构建,为创业研究做出了自己的学术贡献。

21世纪伊始,《创业理论与实践》杂志邀请了创业研究领域的多位知名学者,对过去十年这一领域所取得的进展进行了梳理和评价。Low(2001)归纳了创业研究目的的实现情况,认为当前创业研究呈现出一种"大杂烩"状态,不同学科学者的研究之间缺乏必要的连贯性,以至于尚未形成清晰的研究边界和独特的研究主题。Gartner(2001)认同这一观点,并进一步指出虽然前一阶段大量成熟理论被引入创业研究领域来解释创业现象的不同侧面,形成了一系列知识观点,但类似"盲人摸象"的探索方式不能帮助我们认识创业的全貌。创业研究亟需构建一致性的分析框架。Davidsson & Wiklund(2001)则着重梳理了以往研究的分析层次,发现针对个人或企业的微观层次分析占主导地位,而宏观层次及跨层次分析相对匮乏。此外,Ucbasaran,Westhead和Wright(2001)、Chandler和Lyon(2001)还分别围绕关注焦点和分析方法对过去十年间发表的主要成果进行了回顾与总结。前者认为未来创业研究应更注重挖掘情境因素对创业行为与过程的影响;后者则指明强化新概念测量量表的开发,构建与检验包含多层次变量的模型以及开展跟踪式研究将有助于更好地解读兼具复杂性与动态性特征的创业现象。

而在一系列反思性研究中,Busenitz等人的成果因其首次系统阐述了创业研究"大杂烩"状态的深层次原因,并归纳了未来研究的重点领域而成为后续研究争相引用的经典文献。Busenitz等(2003)认为当前的创业研究仍然高度依赖其他学科的成熟理论,只有尽快识别出其他学科不能解释或难以描述的研究空间,才能避免这一情况的继续。为此,他们提出了基于机会、个体/团队、组织模式和环境等要素间交互作用的创业研究基本框架(如图2.4所示),并指出集中探索四要素之间的交集可能是未来创业研究确立清晰边界以及谋求独立性的真正关键。与此同时,部分国内学者也尝试对创业领域理论沿革与研究框架提出自己的见解,不断加强与国外学者的对话和交流(林强等,2001;朱仁宏,2004、2005;蔡莉等,2006;刘常勇、谢如梅,2006)。

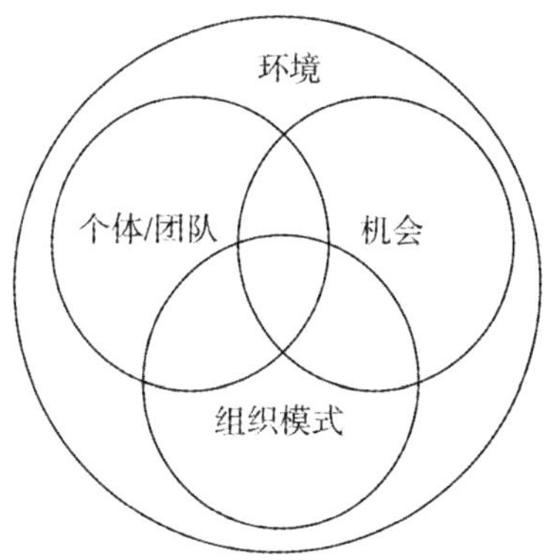

图 2.4 Busenitz 等人的创业研究基本框架

资料来源：Busenitz 等(2003)。

依托于上述学者们所作出的不懈努力,近年来随着对创业过程中独特行为的深入挖掘与不断提炼,创业研究在独立性探索与整合方面取得了令人欣喜的新进展。此处借助 Busenitz 等人提出的创业研究基本框架来介绍主要研究层面所取得的突破：在个体与机会结合层面,学术界逐渐形成了创业警觉、偶然发现、直观判断等观点(Busenitz & Barney,1997;Baron,1998;Forbes,2005a;Endres & Woods,2006),有力地挑战了传统的心理与行为理论;在个体与组织模式结合层面,手段导向(Sarasvathy,2001;Honig,Davidsson & Karlsson,2005;Sarasvathy & Dew,2005;Wiltbank,Dew & Read et al.,2006)、资源拼凑(Baker & Nelson,2005;Baker,2007)、创业学习(Cope,2005;Politis,2005)等创业者策略逐步进入主流研究视野;在机会与组织模式结合层面,则提炼出了创业导向的构成纬度,从而为管理职能的创业化提供了一定的理论基础(Miller,1983;Covin & Slevin,1991;Lumpkin & Dess,1996;Wiklund & Shepherd,2005)。尽管上述主题的研究才刚刚起步,仍有大量的理论探索与实证检验工作有待进行,但这些进展指明了创业研究未来的发展趋势与前进方向,对勾勒创业领域的清晰边界和构建独特的理论基础具有十分重要的现实意义。

2.2 创业过程的观察视角

综观创业研究的发展历程，尤其是最近30年来的关键转折与重要进展，不难发现，创业领域之所以呈现出“主题纷呈、百家争鸣”的蓬勃态势，得益于其广泛借鉴了其他学科的成熟理论和方法工具。从尝试合理解释并科学预测复杂多变的创业现象，到致力于揭示隐藏于独特创业情境和活动背后的一般规律，每一次来自经济学、心理学、管理学、社会学等学科主流理论的注入，都为创业研究带来了崭新的视角，同时也累积了丰富的经验证据。正如Busenitz等(2003)所指出的，创业研究要取得突破，关键在于学者就什么理论能更好地解释创业现象这一点达成共识。借助于不同的观察视角，创业研究得以在不断讨论和验证主流理论解释力的同时，识别出反映创业本质的关键要素并通过聚焦于那些主流理论无法触及的独特空间，逐步建立起学科的合法性与独立性(Connelly, Ireland & Reutzel et al.,2010)。当前创业研究领域多数学者采用的研究视角主要有认知视角、资源视角、网络视角以及环境视角等。

2.2.1 认知视角

由于一切的创业过程都起始于创业者个体的行为，因而围绕创业者展开研究在任何人看来都是有其必要性的。尽管以挖掘和提炼创业者共同人格心理特征为目标的特质论未能取得令人信服的一致结论，但学者们并未就此停止对“什么是创业者的驱动力”这一基本问题的思考与探索。20世纪80年代，随着认知心理学与社会认知理论的不断发展，部分学者开始尝试将这一观察视角引入创业研究中来。

“认知”(cognition)是一个在社会科学中被广泛使用的心理学术语。通常认知可定义为一个认识和理解客观事物的过程，主要包括感觉、知觉和思维等心理活动，并具有整体性、选择性与累积性等重要特性。[①] 认知直接指导着个体的行为，因此从认知视角切入无疑是洞察创业过程奥秘的有效途径之一

① 陈佳贵：《企业管理学大辞典》，经济科学出版社2000年版，第224页。

(Shane & Venkataraman,2000;Mitchell,Busenitz & Lant et al.,2002)。Mitchell 等(2002)把创业认知定义为人们对机会价值、着手创建、事业发展等进行评估、判断和决策时所使用的知识结构,同时指出有关创业认知的研究能帮助我们更好地理解处于不确定性和高风险性环境中的创业者,如何运用简化的思维模式去拼凑那些零散的信息,从而创造新的产品或服务,并获得必需的资源以建立和发展新事业。目前,认知视角下的创业研究活动主要集中于创业者认知过程、创业自我效能等方面。

2.2.1.1 创业者认知过程

认知过程(cognitive process)亦称为思维启发(heuristics),认知心理学将其视为接受和应用知识的方式,是一个由信息的获得、编码、储存、提取和使用等一系列连续的认知操作环节组成的按一定程序进行信息加工的系统(Walsh,1995;陈巍,2010)。与理性决策模型不同,创业认知理论是以非完全理性为前提假设的。现实中,绝大多数创业者身处复杂多变的环境之中,受制于信息不充分或信息处理能力不足而难以做出完全理性的决策。为了克服这一点,创业者需要采用一些特殊的思维模式,以简化决策过程。而这些“简单易行”的决策制定方法则被称作启发式逻辑(heuristics-based logic)。在各种启发式逻辑中,有一些有利于启动并推进创业过程,例如创业警觉(entrepreneurial alertness);而另一些则可能会导致错误的判断和决策,比如直观推断和过于自信等认知偏见(cognitive bias)。

创业警觉对机会识别的影响受到了学术界的积极关注。一方面,学者们尝试准确界定创业警觉的概念。Kirzner(1973、1983、1997)认为创业警觉是一种注意到迄今尚未发掘的市场机会的能力;Ray & Cardozo(1996)将其定义为创业者对外部环境中反映事物变化的信息和行为的一种敏感性和倾向性;Kaish 和 Gilad(1991)则指出创业警觉的本质是“通过置身于信息流中来提高遇见机会的概率,但期间不会对某种特定机会加以搜索”。在前人的研究基础上,Gaglio 和 Katz(2001)提出了更具操作性的创业警觉概念,它包括三个要素:(1) 正确感知市场环境;(2) 识别关键驱动要素;(3) 推断要素间的动态关联性。另一方面,部分学者则致力于开发测量创业警觉的量表并用于实证研究。其中,Kaish 和 Gilad(1991),Hills,Lumpkin 和 Singh(1997),Ko 和 Butler(2003)等设计的量表为较多人所采用。

另一个激发创业学者们研究兴趣的问题则是认知偏见如何在创业过程中发挥作用。认知偏见是指那些不当或错误的决策方式,包括直观推断、过于自信、控制幻觉、反事实思考等。有学者认为,正是由于认知偏见的存在,才使得人们更容易走上创业的道路(Busenitz & Barney,1997;Baron,1998;Camerer & Lovallo,1999;Baron,2004;Forbes,2005a;Hayward,Shepherd & Griffin,2006;Koellinger, Minniti & Schade,2007;陈震红、董俊武,2007;Trevelyan,2008;Hmieleski & Baron,2009;靳取、李博,2009)。譬如,面对充满不确定性和高风险的创业环境,过于自信的人很可能会低估市场的竞争程度或者高估自身的资源水平,进而仓促做出创业的决策。一旦创业者采取具体行动开始创业,就需要克服认知偏见带来的干扰,避免做出错误的决定从而导致失败。事实上,随着创业过程的推进,相较于创业之前,创业者掌握的信息日益充分,这使其在制定决策时可以逐步摆脱对直观推断或过于自信等认知偏见的依赖,而更多地采用理性决策方式。

2.2.1.2 创业自我效能

创业领域围绕创业自我效能(entrepreneurial self-efficacy)展开研究的灵感来自于社会认知理论(social cognitive theory)。正如该理论创始人 Albert Bandura 所指出的那样,个体行为、认知和环境是三维相互影响的关系,即其中任意一个要素都受到其他两个要素的共同作用(Bandura,1986)。只不过在特定时间内,来自不同要素的影响程度不同,且这种交互影响不会同时发生(Wood & Bandura,1989)。就创业者而言,他们的一系列创业行为是由认知控制的,同时亦会受到环境的调节。

自我效能(self-efficacy)是社会认知理论中的核心概念,它是指个体在特定的情境中,对自己是否能够有效实施行动方案的预期判断,反映的是个体对完成某项任务或实现某个目标所必须具备的能力的自信程度(马昆姝等,2008)。Bandura(1986)认为,由于不同活动之间的差异性,同一个人在不同领域中的自我效能是不同的。[①] 创业自我效能便是这一概念引入创业研究领

① 尽管自我效能具有领域特殊性的观点得到多数研究者的认同,但也有学者持不同看法。以 Schwarzer 为代表的一部分学者认为存在一般意义上的自我效能,它是个人应对不同情境、实施各种行为的总体自信程度(Schwarzer,Bäßler & Kwiatek et al.,1997)。笔者认为后者的观点存在将自我效能与个体人格心理特质中的自信混淆的嫌疑,故文中并未涉及。

域后产生的一个新概念，即个体相信自己能够扮演各种创业角色并完成各项创业任务的信念(Boyd & Vozikis,1994)。

目前，创业自我效能研究按主题可大致分为三类。第一类，创业者自我效能研究，旨在检验创业自我效能是否是区分创业者与非创业者的有效指标(Chen,Greene & Crick,1998;Markman,Balkin & Baron,2002;Markman,Baron & Balkin,2005);第二类，创业自我效能与创业行为的关系研究，这一主题的研究主要关注创业自我效能对创业行为与过程的作用机制，其中重点探讨创业自我效能和创业意向的关系问题(Boyd & Vozikis,1994;Krueger Jr. & Brazeal,1994;Chen et al. ,1998;De Noble,Jung & Ehrlich,1999;范巍、王重鸣,2004;Zhao,Seibert & Hills,2005;丁明磊,2008;赵都敏、张玉利,2010;刘万利等,2011);第三类，创业自我效能与创业绩效的关系研究，这一方面的多数研究成果证明了创业自我效能对创业绩效具有正面的促进作用(Forbes,2005b;叶建国,2006;Hmieleski & Corbett,2008)。值得注意的是，上述研究主题的持续深入依赖于创业自我效能测量方法的不断完善。尽管包括 Chen 等(1998)、De Noble 等(1999)、Forbes(2005b)、Kolvereid 和 Isaksen(2006)、Barbosa,Gerhardt 和 Kickul(2007)及 McGee,Peterson 和 Mueller 等(2009)在内的许多学者都尝试开发测量创业自我效能的量表，但学术界仍未能就此取得一致观点。

认知视角是在特质论遭遇瓶颈之后逐渐发展起来的。两者的理论基础虽然都来源于自心理学领域，但与特质论的研究思路不同，认知视角下的创业研究试图完善微观层面从创业信息到创业行为的逻辑链条，同时强调创业环境在这一过程中的调节作用，显然具有更强的解释力。因此，Mitchell、Busenitz、Bird 等多位著名创业学者在研究展望中建议学术界围绕创业认知展开更为深入的探索(Mitchell, Busenitz & Bird et al. ,2007)。

2.2.2 网络视角

20 世纪 80 年代中期，将创业者视为原子式实体的研究前提开始受到质疑。显然现实中的创业者绝非孤立存在的，他们的一切行为皆有可能受到来自与之相联系的其他主体的促进或制约(Granovetter,1985)。在这之前，创业研究所采用的理论未能反映创业活动的这一特点，而社会网络理论(social

network theory)正好济其穷。到20世纪末,随着创业行为与过程研究的不断深入,创业是一种网络化活动的观点被越来越多的学者所认可,社会网络视角迅速成长为有助于解释复杂创业现象的重要理论视角(Hoang & Antoncic,2003)(张玉利、杨俊,2010)。

简单来说,社会网络理论强调人际关系、关系内涵以及社会网络结构对社会现象的解释(罗家德,2005)。在其大型理论概念架构下①,许多用以分析某些具体可测的被解释变量的中层理论产生并发展起来,荦荦大端比如有White(1970)的"机会链"理论、Granovetter(1973)的"弱连带优势"理论、Burt(1992)的"结构洞"理论、Krackhardt(1992)的"强连带优势"理论以及Lin,(2001)的"社会资本"理论等。基于社会网络视角的创业研究将创业者和创业活动置于一个由众多相互作用的行为主体所构成的网络中进行分析和研究,其关注的焦点问题便是社会网络的结构与特征以及蕴于网络中的社会资本如何影响创业行为和创业绩效。除此之外,也有部分学者考察了创业者如何能动地构建和运作成功创业所需的社会网络(赵都敏,2007)。

2.2.2.1 作为创业资源的网络分析

如上所述,社会网络视角下的创业研究致力于厘清创业者所处网络的结构和特征对创业行为与绩效的影响机制。围绕这一问题而推进的研究工作认同社会网络的本质属性是一种创业资源,即通常所说的社会资本,与财物资本、人力资本等一样,是不可或缺的创业条件。Coleman(1988)认为社会资本是指个人因其在网络结构中所处的位置而获得的有形(如资金、设备、人员等)与无形(如知识、信息、情感支持等)资源。Nahapiet 和 Ghoshal(1998)则将社会资本定义为个人或组织所拥有的社会网络中蕴含、提供或衍生的各种实际或潜在资源的总和,包括网络本身与透过网络所能动员的资产。由此可

---

① 罗家德指出,"在进行经济行为分析时,社会网络理论的大型理论概念架构包括:(1)经济行为是嵌入在社会网络中的,所以人际关系会影响经济行动;(2)人际关系有其可被计算成本收益的一面,这正是社会资本的概念,但人际关系所带来的信任与情感因素也会左右个人的经济行动;(3)信息是不完整的,而且信息的流传正是受社会关系与社会网络结构所影响的;(4)个人效用不是孤立的,会随时受到有关系的他人影响而改变效用函数;(5)个人所处的社会结构位置会影响其资源、信息的取得,也会影响其所受到的社会制约,进而影响其经济行动。"尽管上述概念架构阐明了社会网络理论的要义,但若停留于此,便很难围绕具体现象进行实证研究。得益于大量中层理论的出现,社会网络理论才能够有效地在许多现象的研究中指定并验证具体的因果模型。

见，社会网络与社会资本之间具有天然的联系，社会网络是社会资本的组成部分，也是社会资本的表现形式(Bourdieu,1986)。研究创业者所嵌入的社会网络的结构与特征，从根本上而言，正是为了挖掘其背后联结的社会资本对创业行为与创业绩效的作用机理。正如 Lin(2001)所指出的那样，不论是强连带还是弱连带，社会关系所带来的资源才是重点。借助于社会网络分析(social network analysis)这一有力工具，我们得以测量不同形式的社会网络的有关变量并用进行定量研究。①

有学者从创业者社会网络的连带强度(tie strength)入手考察其对创业行为与绩效的影响。Granovetter(1973)首先提出连带强度这一概念，他设计了四个维度以区分强连带和弱连带，分别是互动频率、认识久暂、亲密程度和互惠内容。随后，Marsden 和 Campbell(1984)，Burt(1984)进一步发展了这一概念，设计出便于操作的成套问卷，并使其成为美国一般社会调查中的问题。② 一般而言，互动频率越高、认识时间越长、亲密程度越高、互惠内容越接近情感型的关系③，连带强度就越强。简便起见，我们可以依据关系来源大致判断连带强度，亲戚朋友为强连带，其余为弱连带。研究发现，家族成员对人们是否走上创业道路有着很大的影响(Scherer, Adams & Carley et al., 1989; Carr & Sequeira,2007)；而社会网络中的弱连带更有助于创业机会的发现(Hills & Singh,2004)。Hansen(1995)考察了组织生成前创业者的社会网络与新组织第一年的成长率之间的关系，发现网络的规模、互动程度、互动频率等特征与初期绩效正相关。该研究的创新之处在于测量的是与创业活动有关的创业行动集，而非创业者的整个社会网络。Brüderl 和 Preisendörfer(1998)利用德国 1700 余家新创企业的数据，得到了与 Hansen 相类似的研究结果，来自强连带的支持相较于来自弱连带的支持，对新创企业的存活显得

① 通常进行分析的社会网络有两种形式，一种叫作自我中心社会网络，另一种叫作整体社会网络。自我中心社会网络在分析社会连带方面具有明显的优势，但在分析网络结构时力有不逮，而整体社会网络则刚好相反。

② 需要说明的是，尽管 Granovetter(1973)在研究中建议从上述四个维度去判别连带强度，但 Marsden 和 Campbell(1984)和 Burt(1984)的后续研究仅包括前三个维度，没有涉及互惠内容。

③ 台湾心理学家 Hwang(1987)在研究中国人行为中的面子与人情问题时，指出中国人有三种关系：情感型、工具型和混合型。情感型是交换情感支持的关系，工具型是交换资源的关系，而混合型则两者兼有。

更有意义。尽管学术界对何种强度的连带更有利于创业活动的开展没有定论，但弱连带主要用来传递信息和知识等资源，强连带则主要传递信任感与影响力等资源并提供情感支持的观点得到了大多数学者的认同（罗家德，2005）。而近期的研究则提出强连带或弱连带对创业活动的影响在不同阶段是有差异的（Davidsson & Honig，2003），且两者实现互补和均衡时才会产生更大的价值。

与此同时，另有部分研究关注的是社会网络的结构特点和创业行为与绩效之间的关系。其中，创业者社会网络的规模、成员异质性、所在位置、性别比例等反映结构特征的变量在相关文献中使用较为频繁。Steier 和 Greenwood（2000）运用案例跟踪研究后提出建立足够数量的联系是创业者的首项任务；而范明和肖璐（2012）针对中国大学生村官创业意愿所做的研究，却发现网络规模对该群体的创业意愿有负向作用。在网络成员的异质性方面，学者们普遍认为异质性程度越高，创业者越易获得所需的多样性资源，也就越有可能创业成功（Renzulli，Aldrich & Moody，2000；Renzulli & Aldrich，2005）。此外，在“结构洞”理论的启发下，也有学者尝试就创业者的网络位置展开研究。但是，由于获取创业者所在的整体社会网络的相关资料难度较大，因而现有文献大都以考察创业者个人中心网成员间连带的密集程度作为替代。

2.2.2.2 作为创业活动的网络运作

动态性是创业过程的重要特性之一。伴随着创业过程的逐步推进，创业者的社会网络也会不断演化。既然蕴含于社会网络中的社会资本的数量和质量对创业活动的成败具有重要的影响，创业者自然会对自身的社会网络作出主动的调整和改变，以适应不同阶段创业活动的需要。因此，动态考察创业者社会网络结构与特征的变化情况能帮助我们了解创业者如何能动地运作网络，从而更加清晰而完整地掌握社会网络对创业行为与绩效的影响机制。

Starr 和 MacMillan（1990），Larson 和 Starr（1993）曾在定性研究的基础上提出新创企业社会网络发展的三阶段模型。在第一阶段，创业者的活动以建立能为创业提供所需资源的社会联系为重点，特别是与家人、朋友以及原有商业关系之间的联系；在第二阶段，创业者的网络关系将呈现多重性的变化，原本工具型的关系渐渐染上情感色彩，而本来情感型的关系也会为经济目的而发挥中介作用；进入第三阶段后，创业者社会关系的内容进一步复杂化，与重要网络成员之间的交往则被固定下来。之后，Hansen(2000)采用定量研究的方法分析了社会网络与创业过程的关系，与其之前的研究相类似，他依旧以创业行动集的规模、互动程度、互动频率为社会网络的测量指标，同时采用承诺、首次融资、首次雇佣、首次销售四种关键行为对创业过程加以划分[①]，结果显示创业行动集的三项指标均与创业阶段正相关。Greve 和 Salaff(2003)的研究总体沿袭了 Hansen 的思路，稍有不同的是该研究以创业者的讨论网替代整个社会网络，并将创业过程划分为动机阶段、计划阶段和创建阶段。[②] 结果表明，创业者在计划阶段的讨论伙伴比其他阶段都多；家庭成员在创业的各个阶段都存在于创业者的讨论网中；不同国家文化背景下创业者社会网络的变化模式不存在显著差异。

毋庸置疑，社会网络视角是当前创业研究领域最受青睐的研究视角之一。学者们不仅考虑社会网络以及社会资本对创业行为与创业绩效的直接作用，还十分关注社会网络以及社会资本通过其他关键要素而产生的间接影响。但现阶段仍然存在一些欠缺之处，譬如创业者社会网络的内涵界定和变量测度尚不明晰，创业过程中网络动态变化规律的挖掘仍显不足，创业者社会网络的影响因素分析十分匮乏等。对这些问题的进一步探索和回答，将成为推动社会网络视角未来发展的重要力量。

2.2.3 资源视角

资源基础理论(resource-based theory)[③]将企业视为一系列具有不同效用资源的集合体(Penrose，1959)，并强调企业能否在环境中生存并赢得竞争优势，关键取决于其是否拥有那些有价值的、稀缺的、难以模仿且不可替代的资

① 此处创业过程的划分方式借鉴于 Reynolds 和 Miller 的相关论文，具体出处为：Reynolds，P. & Miller，B. New Firm Gestation：Conception，Birth，and Implications for Research [J]. *Journal of Business Venturing*，1992，7(5)：405—417.

② 此处创业过程的划分方式采用了 Wilken 教授的观点，见：Wilken，P. H. Entrepreneurship：A Comparative and Historical Study [M]. Norwood：Ablex Publishing Corporation，1979.

③ 资源基础理论的核心思想来源于 Penrose(1959)的企业成长理论以及 Nelson 和 Winter(1982)的经济演化理论，后经 Wernerfelt(1984)、Barney(1991)等学者的进一步发展，现已成为一个为学界所认可的理论学派。

源(Barney,1991)。于是相应地,在资源视角下,创业便被理解为创业者识别、获取、整合和利用资源从而谋求机会价值实现的过程。许多学者认为创业绩效的差异并不是由所处的外部环境简单决定,而是同时受制于组织所拥有的不同资源及其应用方式(Gilbert et al. ,2006)。因此,资源视角下创业研究的重点和难点在于回答围绕创业活动而展开的资源开发过程是如何进行,又是如何影响创业绩效的。

2.2.3.1 识别创业关键资源

受资源基础理论的启发,早期资源视角下的创业研究沿袭了该理论应用于战略管理领域时的基本思路,将研究重心放在了创业时所带入的资源存量如何影响竞争优势从而导致创业成败的问题上,期望通过检验不同类型资源(包括有形资源和无形资源)对创业绩效的影响,来揭示对创业至关重要的关键资源。例如,Lippitt 和 Schmidt(1967)认为对发展中的组织而言,资金、技术、领导、声望、员工、外部联盟等是关键资源;Churchill 和 Lewis(1987)在分析了小企业五个发展阶段后指出,创意和专长、原材料、资金、员工、技术、信息等资源对企业的创建、生存和成功具有重要价值;而 Scott 和 Bruce(1987)在类似研究中识别出的关键资源则为资金、技能、员工、管理知识、实物资源以及外部关系等。尽管开展创业活动需要多种不同类型的资源,但其中与组织生存和成长直接相关且引起学术界广泛探讨的资源无疑是人力资源和财物资源。当然,社会网络及社会资本不论从理论上还是实践上都被认为是一种不可缺少的资源,对此前文已有阐释,此处便不再赘述。

进入 21 世纪,Alvarez 和 Busenitz(2001)共同发表了一篇名为《创业的资源基础理论》的文章,成为资源视角下创业研究的新起点。该研究系统探讨了资源基础理论与创业研究之间的关联,在肯定资源基础理论解释力的基础上,试图拓展其研究边界,以期能更好地分析创业问题。在作者看来,当我们尝试识别创业关键资源时发现,不同组织的关键资源并不完全一致,这很可能是由于创业者的认知能力不同而导致的。作者认为,创业涉及的创业者对机会的独特感知、获取开发机会所需的资源以及将同质性输入整合转化为异质性输出的能力等都可以被称作创业资源。这一主张使得资源基础理论能够与创业领域内的绝大多数重要议题相融合,从而为构建资源视角下创业研究框架开辟了新的视野。

2.2.3.2 关注资源开发过程

2000年之后,资源视角下的创业研究涌现出一批具有里程碑意义的文献成果,从而将该视角引向了关注资源开发过程的方向。Brush,Greene & Hart等(2001)、Lichtenstein & Brush(2001)、Sirmon & Hitt(2003)、Sirmon,Hitt & Ireland(2007)等学者的文章是该研究主题下的经典之作。与前一阶段的研究重点不同,Brush等(2001)在其研究中提出了一个更加符合现实的问题:大多数新创企业最初时并不必然具有资源上的优势,倘若如此该怎么办?作者采用案例研究的方法给出了自己的答案。具体来说,作者认为多数创业者在创业初期只拥有在以往教育和工作经历中积累的相对简单的人力和社会资本。他们利用这些资源进一步获取财物资源,并雇佣和培训合格的人力资源。但新的资源需求会随着新企业的发展而产生,此时创业者需要识别出这些资源需求,并以新的方式加以整合,进而把个人资源转化为组织资源。同时作者提出,新创企业初始资源禀赋各不相同,因而开发资源的路径也彼此相异。对创业者来说,往往会面临短时间内决定选择何种资源以及如何整合和开发这些资源的决策挑战。Brush等将这些挑战归纳为收集、吸引、整合各种资源,并将个人资源转化为组织资源等四个方面。类似的,这一时期的其他学者也纷纷就资源开发过程发表见解,从Lichtenstein和Brush(2001)的创业资源整合概念模型,到Sirmon和Hitt(2003)的资源管理概念模型,再到Sirmon等(2007)的动态资源管理概念模型,极大地推动了该主题下研究活动的开展与深入。当前,为较多学者接受的资源开发过程包括了资源识别、资源获取、资源整合与资源利用等四个主要环节。

通过借鉴与吸收上述成果,国内一些学者尝试构建资源视角下的创业研究框架。蔡莉等(2007)围绕创业情境、资源开发过程和新企业生命周期等内容构建了基于资源视角的创业研究框架,并指出资源开发过程是整个框架的研究主线和理论核心。在这之后,蔡莉及其研究团队进一步完善了分析思路,运用扎根理论的数据编码和提炼方法对创业领域六个重要期刊在2000年至2010年间刊发的相关文献进行了梳理,搭建起以资源开发过程为核心,囊括创业者、创业网络、创业环境、创业机会等重要主题在内的综合框架(蔡莉等,2011)。

相对于其他创业研究视角,资源理论视角的兴起时间稍晚,客观来讲尚处在探索与积累时期。已有文献中,有关资源开发过程的文章占了多数,其中又以资源获取和资源整合这两个方面最受关注(蔡莉等,2011)。就未来的研究方向而言,进一步挖掘与归纳资源开发过程的内在规律,以及分析这一过程的影响因素将帮助我们更好地理解资源这一要素在创业活动中扮演的角色和发挥的作用。

2.2.4 环境视角

在社会科学尤其是经济管理领域,环境一直是研究者们关注的重点。一般而言,组织理论中的环境概念有广义和狭义之分。从广义上讲,是指一切与目标的设定和实现具有潜在相关性的因素;从狭义上讲,则是指投入要素的来源、产品市场、竞争者以及各种具有调整功能的群体(郭晓丹,2010)。对组织与环境关系的论断也有两种不同观点:一个是环境决定论,即把环境视为组织需适应的一系列客观存在的外部条件(Aldrich & Pfeffer,1976;Aldrich,1979);另一个是战略选择论,即认为环境是由组织自身感知的客体(Child,1972)。相较于其他视角,创业领域对环境的研究起步较早且相对成熟。

虽然创业活动的起点是创业者的思想创意,但其具体执行直至产生结果的整个过程不可避免地会受到许多外部条件的影响。这些外部条件的组合便是创业环境。一些学者对创业环境进行了界定,例如 Gartner(1985)认为创业环境是影响创业者整个创业过程的一系列外部因素及其所组成的有机整体;Gnyawali 和 Fogel(1994)表示创业环境是对人们创业意愿产生及新创企业成长发挥作用的一系列综合因素;Austin,Stevenson 和 Wei Skillern(2006)则将创业环境归纳为不受创业者控制但会影响创业成败的因素。由此可见,创业环境是创业者所处的情境,是创业活动开展的平台,它是能够对创业者形成创业想法和展开创业行动产生影响的各种要素和条件的组合(郭晓丹,2010)。

2.2.4.1 创业环境的要素构成

当我们谈及创业环境时,首先想到的自然是它的构成要素。环境对创业的影响往往是通过创业者与环境构成要素间的各种联系来实现。许多学者对此进行了研究,提出了各自的见解(Porter,1980;Bruno & Tyebjee,1982;

Gartner,1985;Gnyawali & Fogel,1994;池仁勇,2002;Grundstén,2004)。其中,全球创业观察项目(GEM)对创业环境构成要素的界定为许多后续研究所采用,它识别了创业环境中的9项要素,包括金融支持、政府政策、政府项目支持、教育与培训、研究和开发的转移效率、商业和专业基础设施、进入壁垒、有形基础设施和文化与社会规范。同一时期,一些学者尝试将众多文献中对创业环境构成要素的不同描述与分析进行系统归纳和总结,例如Gnyawali和Fogel(1994)就进一步把创业环境构成要素归纳为政策环境、融资环境、服务环境和文化环境四个层面;崔启国(2007)在对前人成果进行细致梳理的基础上,将创业环境构成要素一分为二,划分为直接匹配环境要素和间接匹配环境要素,前者是指能够直接提供资源的环境要素,主要包括融资、技术以及人才环境,后者则指那些保障资源提供的环境要素,主要包括市场、政策法规以及文化环境。

尽管不同学者对创业环境构成要素的分解与剖析并不完全一致,但仍有一些较为关键的构成要素吸引了学者们对其进行深入探索进而展开相对集中的讨论。这些学者们着力研究的创业环境构成要素主要包括融资环境、技术环境、人才环境、文化环境、政策法规环境等。就融资环境来说,Evans和Jovanovic(1989)认为资金的流动性约束制约着创业活动的发生;Black和Strahan(2002),Klapper,Laeven和Rajan(2006)进一步指出完善的信贷市场和充分的信贷支持将有利于促进创业的产生和新创企业的成长。技术环境通常包含技术研发环境和技术市场环境。Powers和McDougall(2005)表示大学及科研机构是企业获得技术的重要渠道,它们为新创企业提供了良好的技术研发和扩散条件;GEM项目认为技术环境主要表现在成果转移方面,诸如技术成果能否从大学或科研机构通过新创企业走向市场,或者新创企业是否具有接触新技术的同等机会等。关于人才环境的研究重点则是讨论教育和培训以及人才流动和转移对创业的影响。蔡莉等(2007)曾指出,健全的人才市场是新创企业获取所需人才的良好途径。学术界对文化环境的关注始于解释不同国家或地区创业活动差异的尝试,其中社会对创业活动的赞成态度和支持程度是考虑的重点。一个大部分成员对创业持怀疑甚至否定态度的社会将很难呈现出繁荣的创业景象。此外,政府颁布的政策法规也会通过调节市场机制对创业活动产生影响,因此也有学者对创业扶持政策的具体内容和运行效果进行了讨论(Storey & Tether,1998;Blanchflower,2000;Cullen & Gordon,2002)。

2.2.4.2 环境特性与环境感知

与提炼和剖析创业环境构成要素一起成为环境视角下创业研究重要内容的另一个议题是对创业环境特性及其与创业活动关系的探讨。创业环境特性是创业环境的整体表现,反映了创业环境的一些基本特征。举例来说,创业环境构成要素的种类和数量体现出环境的复杂性,而这些要素的不断变化则体现了环境的动态性。一些学者从不同的角度对环境特性的维度进行了研究(Thompson,1967;Child,1972;Duncan,1972;Pfeffer & Salancik,1978;Aldrich,1979;Bruno & Tyebjee,1982;Dess & Beard,1984;Tan,1993;Lumpkin & Dess,2001)。在这之中,为最多学者认可和沿用的是 Dess & Beard(1984)对环境特性维度的概括。他们总结了环境的三个根本性维度:宽松性、复杂性和动态性,并给出了清晰的定义。宽松性是指环境中可用的和企业所需资源的稀缺或丰裕程度;动态性是指环境构成要素的变化程度;复杂性是指环境构成要素的数量以及各要素之间的差异程度。Dess 和 Beard 认为环境宽松性对机会获取、组织存活以及成长表现具有直接的影响。这一观点也在后续研究中得到了验证(Wiklund & Shepherd,2005)。

与此同时,许多创业研究学者意识到创业者对环境的主观感知同样值得关注。Bruno 和 Tyebjee(1982)就曾指出区分环境特性主观和客观层面的重要意义。Davidson(1991)认为当人们感觉环境良好时会更愿意创业,不论创业环境客观上是否真的良好。在创业实践中,不同创业者在面对同样的客观环境时采取不同竞争行为的情况非常普遍。导致这一现象的原因之一便是创业者对环境的感知是具有独特性的,一来不同创业活动有着不同的任务环境,二来是创业者自身背景、特质和经验亦会对其产生影响(Duncan,1972;Aldrich & Pfeffer,1976;Dutton & Jackson,1987)。除了上述研究内容,环境视角下的创业研究同样还关注环境主体等其他方面,但由于其不在本研究范围之内,故此处未加涉及。

一般而言,环境因素总是与其他因素一起共同对创业行为与绩效进行解释。当前该视角下的研究仍然主要围绕着创业环境的构成要素和特性等主题展开,且多数使用横截面数据来反映创业环境的状况。蔡莉等(2011)指出,未来基于环境视角的创业研究应注重对环境动态性的考察,同时积极开发度量环境感知相关指标的量表,并进一步探索其影响因素。

2.3 国内农民创业研究的进展

我国许多学者一方面持续跟踪西方创业研究前沿,积极传播和借鉴主流的研究视角与方法工具来解释创业现象,极大地推动了国内创业研究的迅速兴起;另一方面,不断开展基于中国独特情境的创业理论检验、修正和深化工作,为完善创业领域自身的知识体系,谋求学科独立性与合法性做出了一定的学术贡献。

中国创业研究的理论价值不仅在于广大创业者自身创业行为所展现出的特殊性,还在于由新兴经济体、制度转型、社会结构以及传统文化等众多因素共同诱致的创业情境的独特性。在国内创业研究领域,农民创业问题因其重要的学术价值和现实意义,正在成为我国创业研究学者争相关注的焦点,相关文献层出不穷,研究主题日渐系统。本研究将在文献统计的基础上把握这一方向的研究进展,并进一步分析农民农业创业的研究现状。

2.3.1 基于文献统计的研究概况

2.3.1.1 期刊文献

本研究利用《中国学术期刊网络出版总库》检索国内农民创业研究方向的期刊文献成果。为提高检索质量,设置如下检索条件:第一,期刊范围为该文献数据库划定的社会科学Ⅱ辑和经济与管理科学分类下的核心期刊;第二,时间范围为1980年至2012年;第三,文章的主题、题名或关键词中同时含有“农民”和“创业”。在剔除重复和无关的文章后,检索得到有关农民创业的期刊文献共计273篇。[①]

从发表时间上看,若以2000年为分界,在这之前仅有5篇有关农民创业

① 本研究对农民创业研究文献成果(包括期刊文献和博硕士论文)的检索截至2012年10月。由于知网数据库文献的上传更新具有一定的滞后性,所以实际刊发的相关文献成果数量将超过本文所统计的数量。

的文章发表，之后，具体从2003年开始，国内核心期刊刊发有关农民创业的文献数量呈现出明显的递增态势，尤其是2008年以来，受到金融危机背景下农民就业困难的客观现实与新时期国家建设创业型经济发展战略的共同驱动，学术界对农民创业问题研究热情持续高涨，相关成果大幅增加(如图2.5所示)。据统计，最近四年内发表的文章占到总数的77.7%，形成了一个农民创业研究高潮。

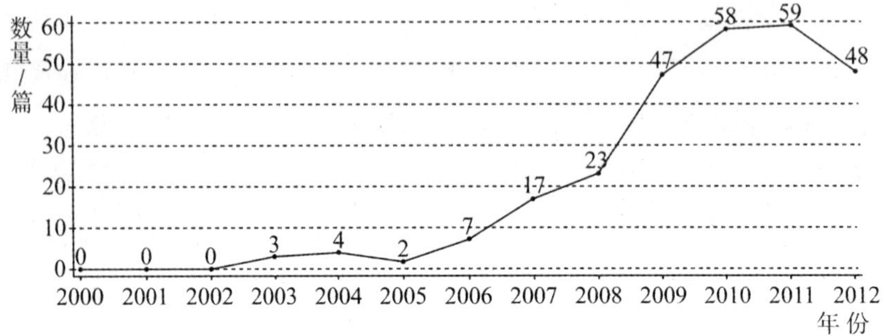

图2.5 国内核心期刊2000—2012年刊发农民创业相关文章数量统计

资料来源：中国学术期刊网络出版总库(中国知网)。

从研究选题上看，这273篇文章涉及了农民创业问题的多个领域。按研究主题对其选题进行划分后发现，发表于2000年之前的文章大都从创办和发展乡镇企业的角度对农民创业问题进行探讨，在这之后研究主题不断丰富，通过借鉴和运用创业领域内的各种观点与理论，有关农民创业问题的研究正变得日益规范和系统。如表2.1所示，2000年之后发表的文章中既包含譬如认识和评价农民创业现象、分析发展水平及存在问题等主题的基础性研究，亦不乏围绕农民创业关键要素和核心行为而展开的聚焦性探索。前者的文章数量占总数的40.7%，且绝大多数为定性研究，而后者的文章则集中于创业环境、创业选择、创业教育与培训等主题。另外，按研究对象对选题进行统计后发现，两个农民群体的子集——农民工和失地农民——的创业活动受到了学者们的特别关注，尤其是围绕农民工(返乡)创业进行分析的文章多达138篇，占到总数的一半以上。

表 2.1 国内核心期刊 2000—2012 年刊发的农民创业相关文章的选题分布情况[①]

选题划分		数量(篇)	比例(%)
按研究主题	现象认识/评价	41	15.3
	发展水平、存在问题及对策	68	25.4
	创业者能力/素质	12	4.5
	创业教育/培训	30	11.2
	创业网络	8	3.0
	创业环境	41	15.3
	其中:政策环境	17	6.3
	创业行为与过程	67	25.0
	其中:创业意愿	12	4.5
	创业选择/决策	31	11.6
	创业绩效	7	2.6
	研究综述	6	2.2
	其他	18	6.7
按研究对象	农民工	138	51.5
	失地农民	15	5.6

资料来源:由中国学术期刊网络出版总库(中国知网)的检索结果整理得到。

2.3.1.2 博硕士论文

本书利用“中国博硕士学位论文全文数据库”检索国内农民创业研究方向的学位论文成果。与检索期刊文献类似,设置如下检索条件:第一,学科范围为该文献数据库划定的社会科学Ⅱ辑和经济与管理科学分类下的所有学科;第二,时间范围为 1980 年至 2012 年;第三,学位论文的题名或关键词中同时含有“农民”和“创业”。在剔除重复和无关的论文后,检索得到有关农民创业的博硕士论文共计 64 篇,其中博士学位论文 9 篇,硕士学位论文 55 篇。

就发表时间而言,有关农民创业的博硕士论文均产生于 2005 年以后(含 2005 年),总体趋势与期刊文献所呈现出的变化相一致,即论文数量在 2008

① 国内核心期刊 2000—2012 年刊发的农民创业相关文章总计 268 篇,由于部分文章选题涵盖多个主题,故表中各研究主题下的文章数量之和大于 268 篇。

年之后出现大幅上升，最近四年发表的有关农民创业的学位论文数量占到总数的93.8%。

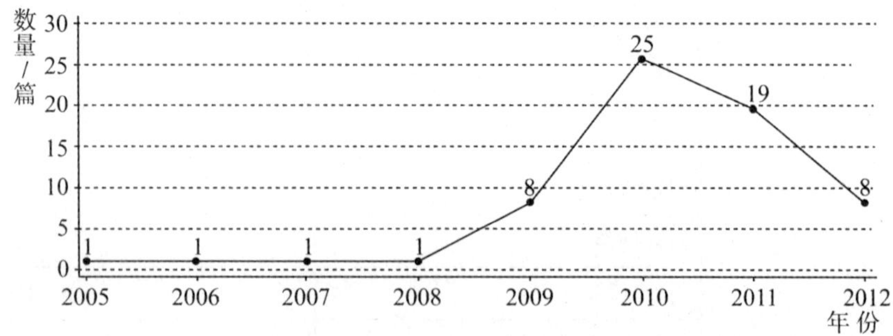

图2.6 近年国内农民创业相关博硕士论文发表数量统计

资料来源：中国博硕士学位论文全文数据库(中国知网)。

就研究选题而言，31.3%的博硕士论文属于基础性研究，且大都沿着"现状—问题—对策"的思路展开，同时也有25.0%的论文探索了农民创业决策背后的机理，即回答究竟是什么因素促使农民选择创业这一基本问题。此外，部分论文有针对性地就农民创业过程中的某项关键要素或行为进行了分析，例如有12篇论文关注了农民创业环境，尤其是政策环境；有6篇论文分析了社会网络在农民创业过程中发挥的作用；另外分别有4篇论文试图揭示农民创业意愿的影响因素和剖析创业绩效的产生机制等。总的来说，相关博硕士论文的研究进展相对于期刊文献而言稍显落后，采用并检验创业领域内主流理论对农民创业现象解释力度的研究努力仍然不足，而基于农民创业特殊性对现有理论进行补充、修订和完善的成果就更加缺乏。

2.3.2 农民创业研究的主要观点

尽管农民创业并不是一个陌生的话题，但是国内学术界对农民创业问题的正式研究历程并不长。改革开放初期，因个体私营经济崛起引发的学者们对以创办乡镇企业为典型的农民创业的关注可以被认为是这段历程的序曲，但从上述文献发表情况来看，直至进入21世纪，该领域才有真正意义上的研究论文出现。随着国内农民创业需求的放大和实践的推进，以及对主流创业研究理论的学习与借鉴，有关农民创业问题的研究发展迅速，越来越多的学者加入了进来，积累了许多有价值的成果，但总体上该领域研究目前仍处于以描述农民创业现象或验证已有理论观点为主的起步和逐步上升阶段（焦晓波、关璞，2012）。下面将分不同主题对国内农民创业研究的主要观点进行简要梳理和评价。

2.3.2.1　关于农民创业现状

这一主题下的文献大都以中西部地区省份为考察重点，对农民创业活动的主要特点和存在问题进行分析总结，基本勾勒出了现阶段我国农民创业现象的整体轮廓。

一方面，学者们重点讨论了农民创业的区域差异、行业分布、组织形式、经营规模等主要特点。郭军盈（2006a）通过构建农民创业活动指数，衡量了各省农民创业的活跃程度，认为东部地区的活跃程度明显高于西部地区；古家军、谢凤华（2012）进一步研究了农民创业活跃程度与农民人均纯收入之间的关系，结果发现农民创业对东、中部地区农民人均纯收入具有明显的促进作用，但对于西部地区农民而言则不显著。国务院发展研究中心的一项针对农民工回乡创业的调查研究显示：回乡创业者在三产中均有分布，但从事非农产业的占多数（62.8%）；此外接近七成的回乡创业者属于个体经营，另有20.2%选择了私营企业这一组织形式（韩俊等，2008）。农民创业初期规模普遍不大，且多数学者认为资金短缺是导致这一情况的主要原因。与此相对应，农民创业的启动资金大多来自于自有资金，而向亲友、金融机构借贷或得到项目投资的情况较少（赵西华、周曙东，2006；韩俊、崔传义，2008）。

另一方面，学者们也归纳了当前农民创业发展过程中所面临的一系列现实问题。譬如，农民创业者从整体上而言文化素质偏低；农民创业环境，尤其是融资环境和政策法规环境仍待优化；农民创业组织形式较为单一，家庭经营为主的状况制约了创业绩效的提高等（刘志荣、姜长云，2008）。值得一提的是，有学者对当下围绕农民创业问题而展开的广泛讨论进行了反思并指出其中存在的若干误区，包括以农民缺乏创业意识为假设前提、一味以“做大做强”为发展目标以及低估立足乡村采取家庭经营形式的农民创业活动等（杨丽琼，2009）。显然，对农民创业问题的不同认识和判断会导致不同的价值取向及制度安排，这就要求在客观反映农民创业现状的基础上审慎推理和科学把握其背后的规律，只有如此，才能有效推动并真正激发出农民创业的巨大力量。

2.3.2.2 关于农民创业者特征及其影响

农民创业研究的挑战之一是要揭示出农民创业行为与过程的产生机理。当前已有成果主要通过剖析创业活动的内因(农民创业者)和外因(创业环境)来窥探其背后的规律。一些研究讨论了农民创业者的各种特征及其对创业活动的影响。

赵西华和周曙东(2006)认为农民创业者素质,包括心理素质、知识素质和技能素质是创业成功的依据。龚军姣(2011)的研究证明了农民心理资本对创业选择具有显著影响;陈波(2009)则具体分析了农民风险偏好这一心理特质与返乡创业行为之间的关系,结果显示风险偏好程度低的农民由于所期望的投资额较小而更易返乡创业,反之则不然。农民的受教育程度与创业意愿或创业选择具有正相关关系得到了较多文献的支持(钟王黎、郭红东,2010;朱明芬,2010)。

打工经历则是又一项引发学者们研究兴趣的农民创业者特征。通过在外务工,农民创业者积累了资金、技术和经验,这对其创业意愿的形成具有重要影响(罗凯,2009;刘唐宇,2010;墨媛媛等,2012)。近期研究中,农民创业者的社会网络和社会资本特征开始进入学者们的视野。蒋剑勇、郭红东(2012)的研究表明,社会网络中存在创业榜样或者感知的强连带支持程度越强,农民的创业意向也越强;黄洁等(2010a、b)通过分析社会网络特征与农民识别创业机会以及初创绩效之间的关系后发现,强连带对农民识别创业机会有更强的影响力,而农民社会网络的关系和结构特点均对初创绩效有影响。

与此同时,也有部分学者借助创业能力这一概念,综合性地考察了我国农民创业者与创业有关的各项特征和技能,并提出培育农民创业能力的相关对策,以期能提高其创业成功的可能性(叶春霞,2010;胡豹,2011;党佳娜、魏凤,2012)。

2.3.2.3 关于农民创业环境及其影响

农民创业环境是学术界和政策层都十分关心的研究主题,搞清楚创业环境究竟如何影响农民创业活动不仅有助于完整解读这一现象,也有助于政策层富有效率地供给促进农民创业活动所需的各项制度安排。在众多创业环境构成要素中,与农民创业实践联系最为密切的是融资环境和政策法规环境。

张海洋和袁雁静(2011)根据农村金融机构分布状况构建了金融环境指

数，并据此验证了农村金融环境对农民创业行为的影响，同时发现相比国有商业银行，农村信用社在帮助农民创业方面发挥了更大作用；而新型农村金融机构则为新创事业的发展壮大提供了更多助力。朱红根(2011)认为国家经济形势、基础设施条件、创业投资环境及农民工就业形势等对农民工返乡创业意愿有显著影响。也有学者采用了国际上通用的GEM模型并对其进行了修正，从而使得对农民创业环境中各项要素的考察更加科学和全面(张秀娥等，2010；张秀娥等，2012)。蒋剑勇和郭红东(2012)则特别关注了创业氛围对农民创业意向的影响，认为身处良好创业氛围中的农民具有更强烈的创业意向。郑风田和孙谨(2006)以促进和支持失地农民创业为出发点，提出了从创业辅导、金融支持、创业机会、创业服务等方面构建失地农民创业支持体系的思路。

作为国内创业研究的一个细分领域，农民创业研究的特别之处在于将研究对象限定为广大农民，并假定农民群体的创业行为与过程具有独特性。近几年农民创业研究相关成果井喷式地快速增长，积累了许多研究碎片，可以说国内农民创业研究正在走向深入。但同时，总体而言现有研究尚欠缺理论深度，不论是运用创业研究领域的成熟理论对现象进行解释，还是基于农民创业的特殊情境修正甚至挑战主流观点的研究工作，仍然需要持续不断的智力投入。

2.3.3 农民农业创业的研究现状

广大农民是我国最为庞大的从事农业生产经营的群体。虽然自20世纪80年代开始，农民从事多种经营活动的现象快速蔓延，数以亿计的农村剩余劳动力实现了跨产业、跨区域的转移，从而完全或部分退出农业生产经营，但无论从当前农民参与农业产业链各个环节的规模抑或深度来说，占全国人口一半以上的农民群体依然掌握着我国未来农业发展成败的关键。相对于农民农业创业实践的广泛开展，学术界对农民在涉农领域内的创业活动尚未给予足够的重视。

在目前为数不多的成果中，讨论农业创业投资和农业创业人才培育的研究占了大多数。房德东等(2007)对我国发展农民创业投资的基本条件进行了分析，并强调政府介入农业创业投资的必要性。刘明辉(2008)分析了创业投资在我国农业高新技术产业中的运用及特点，并探讨了创业投资家和农业创业企业家之间的委托—代理风险及其控制。潘洪刚等(2008)通过分析我国农业创业投资资本的来源、结构和分布以及农业创业投资项目的投资强度等，初步探索了我国农业创业投资的发展轨迹与未来趋势。另外，刘强和刘浩源(2008)在阐述了农业创业型本科人才的特质要求基础上，探讨了该类型人才的培养途径。王丹宇(2011)介绍了我国农业创业主体的四种主要类型，并认为创业型农民是农业领域创业的基础力量。韦苗萍(2012)的研究则明确地讨论了农民农业创业的意义、优势以及所面临的问题。

应当说，当前关于农民农业创业问题的探索，更多的是散见于农民创业的研究成果之中。例如，郭军盈(2006b)对农民创业进行分类时将农业领域内的创业活动归为资源开发型；韦吉飞(2010)指出扩大种养业是农民创业的重要路径之一，而未来农民创业的发展趋势则主要集中在挖掘农业领域的创业潜力方向上。不难发现，当前学术界并未分开讨论不同产业背景下的农民创业活动，且多数研究也未能将创业产业这一因素考虑在内，这使得对农民创业现象的解读不够细致和深入。

2.4 以往研究评价与本书的研究方向

2.4.1 以往研究评价

(1) 必须承认，经历30余年快速发展的创业研究仍然处于起步阶段。支持这一判断的重要证据在于创业研究领域目前依然未形成一个完整而统一的体系，对与确立创业研究独立性有关的一系列核心问题，诸如研究对象、研究框架、方法论等，也尚未形成一致性的解答(蔡莉等，2006)。创业研究距离成熟无疑还有很长的道路要走，尤其在构建理论框架方面需要研究人员保持耐心并投入大量的工作。

(2) 得益于国内创业学者长期以来对国外创业研究前沿的跟踪与介绍，农民创业研究在起步阶段就已拥有了可供学习与借鉴的丰厚资源，因而在短时间内进步迅速。在肯定成绩的同时也必须清醒地认识到，目前学术界对农民创业行为与过程的研究重心仍停留在农民的创业选择或创业决策上，尽管这是观察这一现象时最先进入视野的信息，但局限于此的研究将无法洞悉农民创业现象的内在规律及其特殊性。同时，已有研究中采用单一分析视角和定性分析方法的文章仍然占多数，可见农民创业研究在检验成熟创业理论对农民创业行为解释力以及挖掘自身特殊性方面依然任重而道远。

(3) 现阶段的农民创业研究没有就不同产业的创业活动进行分门别类的讨论。在推进城市化、工业化进程的发展背景下，农民非农创业活动受到了社会各界的广泛关注，一些学者在讨论农民创业问题时，甚至带有农民创业即农民非农创业的隐含观点。与之相反，关系到我国未来农业发展的农民农业创业活动却尚未受到学术界足够的重视。

2.4.2 本书研究方向

在上述以往研究局限的基础上，本书尝试从聚焦新创事业萌现过程、农业情境植入、模型的实证检验等几个方面展开研究：

(1) 本书将关注农民创业选择或创业决策背后的一连串"故事"。正如创业过程理论所强调的，现实中观察到的新创事业的出现并不是单一离散的事件，而是由若干可识别因素和行动组成的过程。因此，本书将聚焦新创事业的萌现过程，运用多个观察视角分析其中的一系列关键行为，以期能更好地解读农民创业现象。

(2) 本书将重点研究农民在农业领域的创业活动。尽管基于创业过程理论，从多个观察视角出发分析关键创业行为仍属于创业领域的基础性研究范畴，但将这一研究思路运用于农民农业创业活动尚属首次，这将有助于检验相关理论对该现象的解释力度，也为今后深入挖掘农民创业的特殊性积累一些可供参考的素材。

(3) 本书将利用中国农民创业调查获得的第一手数据，采用较为合理的实证方法对提出的分析框架和研究假设加以检验，以提高研究结论的科学性与可靠性。

3 概念框架与调查说明

最近十年间关于农民创业问题的研究，从最初仅从宏观上整体描述这一现象，到如今能够涉及多个研究层次，运用多种分析方法，挖掘现象背后的一般规律，不可谓发展不迅速。但同时我们也要认识到，目前国内学术界对农民创业的理论研究尚未深入，尤其是针对农业领域内农民创业行为与过程的解析仍然非常缺乏。相较于非农创业活动，广大农民在涉农领域内的创业现象却由于在我国“农民”兼具户籍与职业双重属性的特点而遭受误读。过于强调农民从事农业生产经营活动的天然性和必然性，导致了当下国内创业学界对农业领域内的农民创业重视不足，投入的研究力量也十分有限。尽管近年来一些学者从缓解大学生就业困难以及提升农业劳动力整体素质的角度出发，对大学生农业创业问题进行了讨论，但正如邢安刚和许文兴(2012)指出的，由于城乡差距、社会偏见、创业教育缺失、创业环境欠佳等多重原因，总体上大学生农业创业的动机和意愿并不强烈。显然，从当前现实发展情况来看，大学生固然是我国现代农业建设力量的重要补充，但更为根本的发展动力无疑蕴藏于广大农民之中。

在本书中，我们将研究视野重点转向我国农民的农业创业行为与过程，借助主流创业理论探索农业创业活动背后的机理。鉴于以往研究未能形成比较完整的农民创业过程的分析框架，为了能更加系统地解读农民的农业创业活动，本章将首先对农民的创业行为与过程进行整体分析并构建农民创业研究的概念框架，本书后续的研究工作都将基于这一框架而展开。另外，本章的第二部分将对本书后续章节所使用数据的来源和概况进行说明。

3.1 农民创业研究的概念框架

回顾创业研究的发展历程不难发现，创业理论的形成和完善融合了两种常见的理论构建策略：一种是“从研究到理论”(Research-to-theory Strategy)，另一种是“从理论到研究”(Theory-to-research Strategy)(Lynham，2002)。不论是通过引入其他学科的主流理论并经由丰富的经验证据检验其对创业现象的解释力，抑或是针对创业行为与过程的独特性而另辟蹊径展开理论探索，以期对主流理论的基本假设和解释逻辑进行补充、完善甚至挑战，创业理论正在变得日益成熟。张玉利等(2012)指出，当前创业研究领域正朝着两个方面不断深化：一是立足于解释和预测创业现象，探索创业过程的行为与要素之间以及各要素之间关系的内在逻辑和作用方式；二是致力于挖掘创业的独特性，试图在总结现有理论的基础上进行创新，并对新的理论观点进行验证。总的来看，属于前一方面的研究占了大多数。尽管这一方面的研究有忽视构建独特的创业理论之嫌(Gartner & Birley，2002)，但就研究现状而言，我们对复杂的创业现象中的许多问题仍然知之甚少，依然需要做大量的基础性工作以填补这些空白。

本书正是属于这一类型的研究，即运用目前创业领域的主流理论对农民的农业创业行为与过程进行解释和分析，以期更好地把握农民群体的农业创业活动背后的主要机理。此处将基于创业过程理论先行构建一个用于农民创业研究的概念框架，接着在后续章节中围绕具体命题进一步构思实证模型并利用相关调查数据对农业创业活动展开研究。受到 Reynolds(1971)对“从理论到研究”理论构建策略本质的阐释①以及 Dubin(1978)提出的理论构建方法②的启发，本

① Reynolds(1971)对“从理论到研究”理论构建策略本质阐释如下：(1) 开发一个明确的理论；(2) 选择由该理论产生的某项命题；(3) 设计一项研究计划用以测试所选择的命题与经验证据之间的一致性；(4) 如果命题未被证实或支持，则对理论或研究计划进行修改；(5) 如果命题得到证实，则选择更进一步的命题加以验证，或者尝试分析该理论的局限性。

② Dubin(1978)将理论构建分为 8 个阶段：(1) 理论的单位，比如理论中涉及的各个概念；(2) 单位或概念之间的互动法则；(3) 理论的应用范畴；(4) 理论的系统形态，即该理论是否具备被模型化所需的包含性、持续性和特殊性等特征；(5) 理论的命题；(6) 保证对命题性陈述进行验证所需的实证指标；(7) 假设，即对于单位之间预计关系的描述；(8) 研究，即对单位之间预计关系的实证检验。前 5 个阶段指出了理论的结构构成，后 3 个阶段则指出了对理论产生的命题的实证检验。因为本章旨在构建用于研究农民创业问题的概念框架，所以主要借鉴的是该方法的前 5 个阶段。

文采取以下步骤构建农民创业研究的概念框架：第一，确定构成农民创业过程的理论单位，即关键行为；第二，确定影响农民创业过程的理论单位，即关键要素；第三，确定行为单位与要素单位之间的关系并提出主要命题。

3.1.1 构成农民创业过程的行为单位

自从 20 世纪 80 年代末 Gartner(1988)和 Low & MacMillan(1988)提出创业研究应聚焦于创业行为与过程的倡议以来，基于过程论的创业研究迅速登上学术舞台并不断吸引着创业学者投身于这股揭示创业活动规律和解释创业绩效差异的热潮之中。虽然创业者的个性和创业环境的确会对创业活动产生影响，但越来越多的学者认为新创事业的出现是创业者实施创业行为的结果，这意味着创业行为研究才是揭示创业过程"黑箱"的关键(张玉利、赵都敏，2008)，亦是制定创业政策和建设创业服务体系的基础(张玉利，2010)。

许多学者探讨了创业过程的定义(Gartner，1985；Katz & Gartner，1988；1994；Carter，Gartner & Reynolds，1996；Shane & Venkataraman，2000)。一般来看，广义的创业过程包括从构思一个有价值的商业机会到形成新企业再到管理新企业的整个过程；而狭义的创业过程往往只到新企业形成为止。Ucbasaran，Westhead 和 Wright(2001)在梳理以往文献的基础上，指出应重点关注创业过程中的机会识别、资源获取以及绩效产出等研究主题。张玉利和赵都敏(2008)支持这一观点，并进一步认为上述主题的研究应致力于挖掘这些行为的特殊性。尽管有学者借鉴企业生命周期理论构建了一个基于流程视角的创业研究框架，将创业过程划分为创立前、初创期、成长期、成熟期、衰退期以及死亡期(蔡莉等，2006)，但考虑到创业与其他领域最大的差异即在于新创事业的萌现过程(Davidsson & Honig，2003)，故本书将基于狭义的创业过程定义，集中考察农民在复杂多变的环境中识别创业机会、获取初始资源并产出初期绩效的过程，同时出于对潜在农民创业者的研究兴趣，将这一过程的前端延伸至创业意愿的产生环节。

3.1.1.1 创业意愿产生

在创业研究中，如何发现人群中的潜在创业者并在一定程度上预测其行为，一直是许多学者感兴趣的研究内容。经历基于创业特质论的挑战失利后的创业研究者们试图找到一个比个体心理特质更具解释力和预测力的

“指向标”用来发现那些更有可能成为创业者的个体。目前来看,个体的创业意愿正是为多数学者所认可的判断标准(Krueger Jr.,Reilly & Carsrud,2000)。需要指出的是,在过往研究中不同学者对这一主题进行讨论时借助了不同术语,例如创业兴趣(entrepreneurial interest)、创业事业偏好(entrepreneurial career preference)、创业愿望(entrepreneurial willingness)、创业倾向(entrepreneurial orientation/propensity)等,其中最为常用的则是创业意愿或创业意向(entrepreneurial intention)。这些术语具有相近的含义,因而常被混用,特别是创业倾向与创业意愿或创业意向时常被混淆。Lumpkin & Dess(1996)将创业倾向视为导致新企业产生的决策与实践活动的集合,代表了关键的创业过程;后来创业倾向又被进一步定义为与创业有关的兴趣、特质和能力三者的结合。而创业意愿是指一种心理状态,即自我确信有意图去建立一项新事业,并且有意识地计划在未来某个时间点付诸实施(Thompson,2009)。由此可见,创业意愿不同于创业倾向,在 Shapero 和 Sokol 提出的创业事件模型中,创业行动倾向是创业意愿产生的诱因之一(Shapero & Sokol,1982)。

虽然学术界累积了大量关于创业意愿的研究成果,且近几年国内以农民创业意愿为研究内容的相关文献亦层出不穷,但该主题范围内仍然存在许多需要进一步探索的空间:首先,以往研究大都基于单一要素角度对农民创业意愿进行考察;其次,已有成果对农民创业意愿内在属性的剖析不足。虽然有研究指出,农民在留城创业与返乡创业之间存在不同的意愿水平,但目前尚没有人针对农民创业意愿的产业倾向进行研究。本书对农业创业活动内在机理的探索的起点便是对农民产生农业创业意愿的一般规律进行分析。

3.1.1.2 创业机会识别

21 世纪伊始,Shane 和 Venkataraman(2000)提出了以创业机会识别、评价及开发为主线的创业研究概念框架,从而为创业研究开创了一片独特的领域。创业机会作为启动创业过程的关键必要条件,几乎立刻成为了学术界广泛探讨的研究热点。两人的研究不仅对创业机会这一核心概念进行了深入的讨论,在前人的基础上将其总结为一种能够引入生产并获利的新产品、新服务、新材料或新的组织形式,而且基于创业机会重构了创业研究的基本问题,即:(1) 创业机会从何而来;(2) 为什么是这些人而不是其他人发现了创业机会；(3) 如何利用不同的活动模式开发创业机会。沿着这一思路，一些后续研究进一步深化了以机会为核心的创业理论(Busenitz，West & Shepherd et al.，2003；Shane，2003)。

在众多有关创业机会的研究议题中，机会识别(opportunity recognition/opportunity identification)尤其受到关注。这不仅是因为创业机会识别是以机会为核心的创业理论中的重要环节，同时还因为识别创业机会是驱动后续创业活动展开的关键行为(Gaglio，1997；Shane & Venkataraman，2000)。学术界对创业机会识别的界定可以分为广义和狭义两种。广义的创业机会识别是指包括了在以往文献中提及的机会发现、机会鉴别、机会评价、机会开发等一系列行为的过程(Bygrave & Hofer，1991；Churchill & Muzyka，1994；Hills，Shrader & Lumpkin，1999)；而狭义的创业机会识别仅仅是指对创业机会的辨识，即创业者在面对多样化的信息和事件时对商机是否存在的一种知觉(Baron，2004)。本书将基于狭义的创业机会识别定义进行分析与讨论。此外，就农民创业而言，作为机会识别主体的农民，其个体情况和所处环境千差万别，因而在能否识别出创业机会以及识别出怎样的创业机会等方面的表现自然存在差异。令人遗憾的是，尽管机会识别是创业研究中的热点，可以说整个创业过程开始于那些曾经的潜在创业者对创业机会的把握，但国内却鲜见有关农民创业机会识别的研究，更遑论针对不同类型机会的识别行为进行深入分析。因此，本书将尝试从农业创业机会的识别机制切入，对农民创业机会识别主题进行初步的探索。

3.1.1.3 初始资源获取

基于资源视角的创业资源开发过程同样是创业领域的重要研究内容。在构成资源开发过程的各个环节中，创业资源获取显得尤为重要。这是因为任何个人或组织都不可能拥有成长发展所需的全部资源(Shane & Venkataraman，2000)，尤其对那些尚未或是刚刚创立的组织来说，资源就更加稀缺。显然，创业要想成功，适时地获取各种所需资源无疑是必要条件。葛宝山和董保宝(2009)将创业资源获取定义为新创事业在创立和成长阶段通过一定的手段获取所需资源的行为。进一步看，许多学者研究了创业资源获取的途径和方式。不同学者对资源获取途径的归纳略有不同，譬如 Brush，Greene 和 Hart 等(2001)指出，组织可以通过吸引的方式获取外部资源；而

Sirmon & Hitt(2003)、Sirmon，Hitt & Ireland(2007)则认为组织既可以通过外部购买，也可以通过内部积累的途径获取资源，两者各有利弊。国内学者叶学锋和魏江(2001)认为，资源获取途径主要包括内部培育、合作渗透和外部购并三种。刘预等(2008)则把资源获取途径归纳为外部获取和内部积累，其中外部获取又包含了购买、租赁和运营三种形式。而资源获取方式主要有以下四种类型：(1) 利用创业网络获取资源；(2) 发挥自助理念获取资源；(3) 基于手段导向获取资源；(4) 进行创造性拼凑获取资源。

当前，学术界对创业资源获取的研究兴趣大体集中在两个方面：一方面，主要分析创业者如何通过自身禀赋来获取组织创建时所需的初始资源；另一方面，重点研究组织在创建时所带入的初始资源如何影响创业绩效。两个研究方向逻辑上前后衔接，缺一不可。然而，就现阶段农民创业研究而言，对于上述两方面的分析与挖掘都明显不足。从日益活跃的农民创业实践中不难观察到，不同的农民创业者，在创业初始资源获取行为上存在差异。这种差异既表现为资源获取数量上的差别，也表现为资源获取途径上的不同，并进一步通过资源获取效率的变异显现出来。为了能更加深入地了解农民创业初始资源获取情况，本书将试图从多个角度比较分析农民创业初始资源获取的规模状况和途径选择，并在此基础上，进一步探索农业创业初始资源获取效率的决定机制。

3.1.1.4 初期绩效形成

创业绩效是个体创业活动成功与否的重要标志，因而长期以来一直是国内外创业研究者关注的热点主题。张君立等(2008)将创业绩效定义为创业者为实现其创业目标，通过一系列的工作行为所取得的反映新事业初创和成长的各种结果。不难发现，现实中只有很小一部分新创组织能够顺利地生存下来，并成功实现事业的成长与扩张，进而真正成为推动经济发展的重要力量。因此，不论是从学术研究还是从政策制定的角度来看，探究为什么一些新创事业能够存活并长大而另一些却只能获得很小的增长甚至快速走向消亡，具有十分重要的意义。

尽管学术界对创业绩效研究十分重视，但目前关于创业绩效的一些研究议题依然未能取得一致的结论。其中，如何科学地评价创业绩效成为摆在学者们面前的首要挑战。已有的研究成果绝大多数通过借鉴组织绩效的测评方法来衡量创业绩效(李宇,2009)。国内外学者根据研究需要,提出了许多不同的创业绩效评价思路和指标,这在丰富研究成果的同时,也给交流与讨论造成了一定的障碍。而创业绩效研究的另一个难点则是揭示创业绩效差异的成因。经过数十年的不断探索,目前学术界对这一问题的研究主要从认知论、资源论、战略适应论以及群体生态论等角度出发进行分析。

创业绩效之于新创事业实现生存和成长的意义不言而喻,但令人感到遗憾的是,在农民创业研究领域,专门讨论农民创业绩效的研究成果寥寥无几。显然,这不利于农民创业研究完整体系的形成,也不利于学术界和政策层对农民创业活动的理解与把握。因此,本书将尝试考察农业创业初期绩效差异,并进一步分析农业创业初期绩效的影响因素,以期能为填补农民创业研究在该方向上的空白贡献微薄之力。

3.1.2 影响农民创业过程的要素单位

除了上述构成农民创业过程的行为单位之外,在本书所构建的概念框架中还需纳入影响农民创业过程的要素单位。通过回顾和整理创业研究的发展历程与观察视角,本书选取了创业个体、创业资源、创业网络和创业环境这几个要素。它们在以往文献中被研究得最多,同时也被认为是影响创业行为与过程最为关键的要素。

3.1.2.1 创业个体

个体是实施一切创业行为的主体。关于创业现象的讨论最初便是围绕着创业者而展开的。虽然创业特质论得到了一些含混不清的结论,甚至把创业者塑造成了充满矛盾的超现实人物,但创业者在新创事业创立与成长过程中的主体性地位,以及现实中风险投资者十分重视对创业者的考察等,都说明了从个体视角对创业行为与过程进行分析有其必要性。当前,该视角下的研究除了继续从人口学特征、人格心理特质等原有角度切入之外,先前经验成为了新的突破口。从本质上看,先前经验是一种特殊的人力资本(Firkin,2001),主要包括行业经验(Cooper,1995)、创业经验(Davidsson & Honig,2003;Haber & Reichel,2007)、管理经验(Robinson & Sexton,1994;Cooper,1995)和特定职能经验。许多学者研究发现,个体的先前经验是影响创业意愿、机会识别、资源获取以及新创事业绩效的关键变量(田莉、龙丹,2009)。

因此，本书将在概念框架中纳入人格心理特质、认知特征、一般人力资本以及先前经验等个体要素层面的变量。

3.1.2.2 创业网络

社会网络视角下的创业研究将创业者和创业活动置于一个由众多相互作用的行为主体所构成的网络中进行分析和研究，其关注的焦点问题便是社会网络的结构与特征以及蕴含于网络中的社会资本如何影响创业行为和创业绩效。社会网络有两种，一种是自我中心社会网，另一种是整体社会网。前者在分析网络结构方面的能力较弱，而后者更适合用来研究封闭群体的网络状况。因此，本书在研究中涉及的社会网络均指农民的个人中心社会网。基于该视角的以往研究中，网络规模、网络密度、关系强度以及内嵌资源等因素对创业行为与过程的影响受到了较多关注。Hills，Lumpkin 和 Singh（1997）通过研究发现，社会网络的规模大小、弱连带以及“结构洞”对创业机会识别十分重要；杨俊（2008）、张君立等（2008）、罗志恒等（2009）则主要分析了创业者网络的规模、关系强度、密度、动态性、异质性等特征对资源获取的影响。因此，本书将在概念框架中纳入网络规模、网络密度、关系强度以及内嵌资源等网络要素层面的变量。

3.1.2.3 创业资源

资源视角下的创业研究将创业理解为创业者识别、获取、整合和利用资源从而谋求机会价值实现的过程。许多学者认为创业绩效的差异并不是由所处的外部环境简单决定的，而是同时受制于组织所拥有的不同资源及其应用方式（Gilbert，McDougall & Audretsch，2006）。受到资源基础理论的启发，学者们尝试寻找那些对创业来说至关重要的资源类型（Lippitt & Schmidt，1967；Churchill & Lewis，1987；Scott & Bruce，1987）。尽管开展创业活动需要多种不同类型的资源，但其中与组织生存和成长直接相关且引起学术界广泛探讨的资源无疑是财务资源、人力资源以及实物资源。显然，个体所拥有的人力资本和社会资本同样是影响创业行为与过程的重要资源，但在本书的研究框架中，人力资本被视为个体要素层面的变量，社会资本则被视为网络要素层面的变量（以内嵌资源加以反映）。因此，纳入概念框架中的资源要素层面的变量为财务资源、技术资源、实物资源和劳动力资源。

3.1.2.4 创业环境

创业领域对环境的研究起步较早。虽然创业活动的起点是创业者的思想创意，但其具体执行直至产生结果的整个过程不可避免会受到许多外部条件的影响。这些外部条件的组合便是创业环境。一些学者对构成创业环境的要素进行了归类，本书采用 Gnyawali 和 Fogel(1994)的观点，将创业环境要素分为资源环境要素和运营环境要素，前者包括融资、技术、教育等环境要素，后者则包括政策、基础设施、市场、社会文化等环境要素。上述环境要素变量都将被纳入概念框架之中。另外，受到 Dess 和 Beard(1984)对环境特性维度的分析，以及 Bruno 和 Tyebjee(1982)、Davidson(1991)等提出的环境主观感知论，本书在研究中将重点考察农民所感知到的各项资源要素宽松性程度对创业行为与过程的影响。

3.1.3 关系模型与主要命题

在确定构成和影响农民创业过程的概念单位之后，需要进一步指定这些关键单位之间的互动法则，并给出由所构建的概念框架而来的主要命题。

3.1.3.1 关系模型与活动过程

基于前人积累的丰富研究成果，本书构建了如图 3.1 所示的农民创业研究的概念框架。

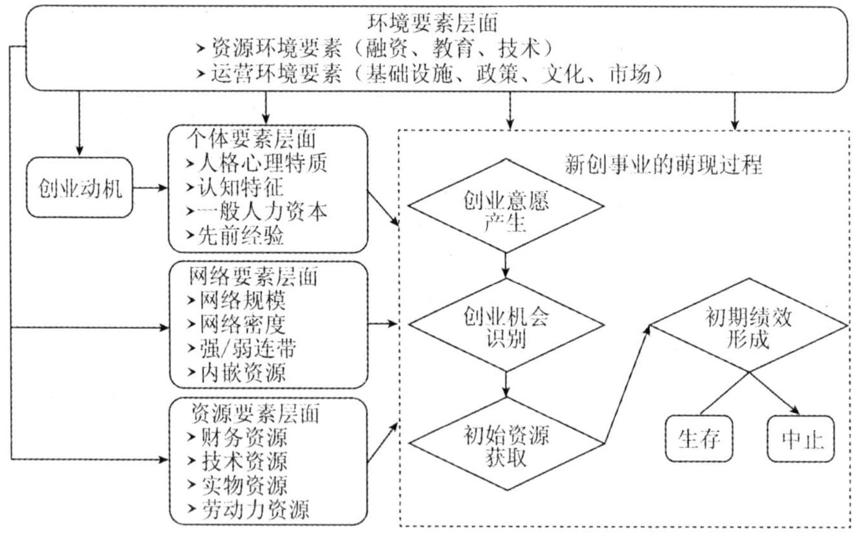

图 3.1 农民创业研究的概念框架

根据这一概念框架，构成农民创业过程的行为单位与影响农民创业过程的要素单位将沿着以下的逻辑展开活动：

首先，受到创业动机驱使得农民在人格心理特质、认知模式以及人力资本等内在因素和其个人社会网络、资源禀赋、创业环境等外在因素的共同作用下，对自身是否具有创业意愿加以确认。当农民明确地知道自己将会创业之后，就开始主动搜索、识别、评价与开发创业机会，这一过程同样将会受到来自个体、网络和环境等要素的影响。其次，农民通过评价与开发所识别出的创业机会，明确利用这一机会所需获取的资源情况，包括资源类别、规模和质量，并根据这些信息确定资源获取的途径和方式。在成功获取创业所需各项资源的基础上，农民还需要对各种资源进行有效整合，以加快创立新事业。最后，成功创立的新事业在农民的经营管理下形成初期绩效。初期绩效良好的新创事业将在市场竞争中生存下来并有机会获得进一步的成长，而初期绩效较差的新创事业将会被淘汰出局，农民的创业过程也宣告中止。在初始资源获取和初期绩效形成环节，个体、网络、资源等要素都会对农民的资源获取状况和初期绩效水平产生作用，但影响两者的环境要素有所不同。一般认为，在初始资源获取环节，资源环境要素相对重要；而到了新创事业日常运营时，运营环境要素对初期绩效的作用更大。

3.1.3.2 概念框架的主要命题

命题是理论得以实施的逻辑推导(Dubin，1978)。根据农民创业研究的概念框架，本书提出以下四个主要命题：

命题1：农民创业意愿的产生受到其个体特征、社会网络状况、资源禀赋水平以及外部环境宽松性程度的影响。

命题2：农民对创业机会的识别受到其个体特征、社会网络状况以及外部环境宽松性程度的影响。

命题3：农民获取初始资源的行为受到其个体特征、社会网络状况、资源禀赋水平以及外部资源环境宽松性程度的影响。

命题4：农民所创新事业的初期绩效受到其个体特征、社会网络状况、资源禀赋水平以及外部运营环境宽松性程度的影响。

本章构建的农民创业研究概念框架以及由此提出的主要命题为系统探索农民农业创业活动的内在机理提供了清晰的逻辑脉络与分析思路。因此，本书后续章节将据此对农业创业初期的关键环节展开研究，并利用实地调查获得的第一手数据进行实证分析。

3.2 调查说明

本书后续章节中所使用的研究数据均来自于中国农民创业的理论与实证研究课题组(以下简称课题组)于2012年1至2月在全国多个省、自治区直辖市进行的中国农民创业调查。下面将分别就此次实地调查的调查对象、抽样情况、问卷设计以及调查结果的基本情况进行介绍。

3.2.1 调查对象

根据研究设计，调查对象包括了两个群体，即非创业农民与创业农民。调查中对这两个群体分别进行随机抽样，得到了非创业者样本与创业者样本。前者主要用于分析农业创业意愿产生和农业创业机会识别这两个创业关键行为，后者则主要用于分析农业创业初始资源获取和农业创业初期绩效形成这两个创业关键行为。

为了使调查得到的数据更符合研究需要，本书对调查对象进行了一定的限制。对非创业农民群体来说，受访农民应符合以下条件，缺一不可：(1) 属于农村户口；(2) 目前本人(未婚)没有开展任何创业活动或目前本人(已婚)及配偶均没有开展任何创业活动；(3) 年龄在16周岁至60周岁之间(包括16周岁和60周岁)。

对创业农民群体来说，受访农民应符合以下条件，缺一不可：(1) 属于农村户口；(2) 当前的创业活动开始于2004年之后(包括2004年)；(3) 属于自我雇佣；(4) 其创业活动可以在农业领域或非农领域内进行。

3.2.2 抽样情况

调查团队由浙江大学农业经济管理专业在读研究生以及浙江大学学生三农协会会员中来自农村的学生组成。课题组随机抽取了22个省(市)的100名学生为调查员，每位学生返回家乡后在非创业农民群体中随机抽取5位进行调查，在创业农民群体中则尽可能按照农业创业与非农创业1∶1.5的比例随机抽取5位进行调查。考虑到部分农民文化程度较低,调查采取一对一访谈形式,以尽可能确保调查数据的真实性与可靠性。

调查共发放非创业者问卷500份,回收402份,其中有效问卷为398份,问卷回收率和有效率分别达到80.40%和79.60%;而创业者问卷同样发放了500份,回收448份,有效问卷437份,问卷回收率和有效率分别达到89.60%和87.40%。

3.2.3 问卷结构

调查采用结构式问卷,由于不同调查群体的样本数据将用于不同研究内容,因此在问卷结构上也有所差异。非创业者问卷除了受访农民的基本信息外,还纳入了有关创业意愿以及机会识别等方面的题项,且非创业者问卷均基于受访农民调查时的情况进行填写。而创业者问卷除了受访农民的基本信息外,还纳入了有关初始资源获取以及初期绩效形成等方面的题项,且对上述内容的调查均基于受访农民的回忆。由于创业者样本是从当前正在创业的农民群体中随机抽样得到的,一般情况下,调查时点距离农民正式创立新事业已有一段时间,倘若记录调查时的农民信息,则会存在比较严重的偏差。因此,调查采用Chandler和Lyon(2001)所提出的回顾性问卷调查方式对创业农民进行了有关信息的采集。

3.2.4 样本概况

根据调查所获得的数据,对两个样本中受访农民的基本情况进行了初步统计,结果如表3.1所示。

表3.1 调查样本中农民基本情况的统计结果

基本指标	非创业者样本(N=398)(调查时点情况)		创业者样本(N=437)(创业当时情况)	
	平均值	标准差	平均值	标准差
性别	0.671	0.470	0.763	0.426
婚姻	0.616	0.487	0.959	0.896
年龄(周岁)	34.495	11.667	36.298	8.805

续　表

基本指标	非创业者样本（N=398）（调查时点情况）		创业者样本（N=437）（创业当时情况）	
	平均值	标准差	平均值	标准差
受教育程度(年)	11.160	3.735	9.587	2.954
参加培训情况	0.415	0.493	0.318	0.466
先前创业经历	0.163	0.370	0.275	0.447
累计涉农工作时间(年)	8.806	10.643	9.028	9.647
累计非农工作时间(年)	6.582	7.381	7.876	6.909
家庭可使用土地数量(亩)	6.166	9.294	5.181	7.726
2011 年个人总收入(万元)	3.786	10.641	—	—
2011 年家庭总收入(万元)	8.828	13.541	—	—
创业前一年的个人总收入(万元)	—	—	4.456	17.362
创业前一年的家庭总收入(万元)	—	—	7.215	19.374
家庭总人口(人)	4.101	1.600	4.114	1.358
家庭劳动力数量(人)	2.802	1.133	2.573	1.185

4　研究一：农业创业意愿的影响因素分析

从第4章开始，本书将沿着创业初期活动的基本脉络，围绕创业意愿产生、创业机会识别、初始资源获取、初期绩效形成等关键环节，探索我国农民群体的农业创业行为与过程的内在机理，并尝试挖掘其特殊性，以期能够更为系统地深入解读农民群体的农业创业现象。本章将回答绪论中提出的第一个问题，即在中国农村经济、社会、文化发展的现实情境下，农民的农业创业意愿主要受到哪些因素的影响。

4.1　引　言

自从基于社会心理学视角的创业研究成果中最早出现"创业意愿"这一概念以来，国内外创业学界对创业意愿等相关问题一直保持着浓厚的兴趣。这是由于：一方面，大量社会心理学文献已经证明，意愿是计划性行为的良好预测指标，个体特质或态度对行为变化仅具有大约10%的解释能力，而个体意愿则能达到30%左右(Ajzen & Madden,1986)。创业过程无疑应被视为一系列深思熟虑的、有计划的行为(Bird,1988;Katz & Gartner,1988)，因此创业意愿作为一种个人自我确信，有意图去建立一项新事业，并且有意识地计划在未来某个时间点付诸实施的心理状态，被认为是对创业行为最好的预测指标(Krueger Jr., Reilly & Carsrud, 2000; Bird & Brush, 2002; Thompson,2009)；另一方面，研究创业意愿对于加强创业活动对经济发展的促进作用具有重要意义。有学者指出，长期保持经济活力的关键在于潜在创业者供给数量的不断增长(Shapero,1981)。更进一步讲,相比于潜在创业者数量的多寡,这一群体中具有创业意愿的那部分人更有价值(Brazeal,1993)。换言之,对于创业意愿的深入研究有助于政策层和学术界特别是创业教育者更有针对性地鼓励人们投身创业活动。

当我们将研究视野转向我国的农民群体,试图解读农民创业现象时,“该群体中谁更有可能成为未来的创业者”这一基本问题同样引起了我们的研究兴趣。一项由国务院发展研究中心“农民工回乡创业问题研究”课题组在全国101个劳务输出示范县组织开展的问卷调查显示,2006年被调查地大约有23%的外出农民工返回家乡,其中13.8%的回乡农民工选择了创业;此外,通过对3026名回乡创业农民工的调查发现,他们中在1990年以前回乡创业的只占4%,1990年至1999年间回乡创业的占30.6%,在2000年及之后回乡创业的占65.4%,可见农民工回乡创业的步伐明显加快。[①]另外,许多文献也都指出了,农民创业多集中于非农产业,立足于农业领域开展创业活动的比例较低(王西玉等,2003;韩俊等,2008)。面对我国农民创业热潮的不断升温以及农民创业产业的分布情况,很多学者从不同观察视角对广大农民,或更进一步地对农民工群体的创业意愿产生机制进行研究,但已有成果大都只对农民的创业意愿进行了笼统的考察,较少有学者区分不同内在属性的创业意愿并展开分门别类的讨论。本章重点分析影响农民产生农业创业意愿的主要因素,以期能稍稍填补这一方向上的研究空白。

本章后续部分的内容安排如下:第二部分对创业意愿研究主题下的重要文献进行回顾与梳理;第三部分基于前文提出的概念框架,结合相关文献综述,构思本书研究农民创业意愿影响因素的实证框架,并据此选择所需的模型工具;第四部分对实证分析采用的变量进行说明,并提出相应的研究假设;第五部分报告描述性统计分析的结果;第六部分报告模型回归的结果并进行讨论;最后是本章小结。

---

① 此处相关数据引自韩俊等:《农民工回乡创业现状与走势:对安徽、江西、河南三省的调查》,《改革》2008年第11期,第15—30页。

4.2 文献回顾

4.2.1 创业意愿的产生机制

自20世纪80年代以来，创业学界有关创业意愿的讨论不断深入，逐步发展出一系列反映创业意愿产生机制的模型，其中影响较为广泛的主要有创业事件模型(Model of Entrepreneurial Event)(Shapero & Sokol，1982)、创业创意实现模型(Model of Implementing Entrepreneurial Idea)(Bird，1988)、计划行为理论模型(Theory of Planned Behavior)(Ajzen，1991)和创业潜力模型(Entrepreneurial Potential Model)(Krueger Jr. & Brazeal，1994)等。

Shapero和Sokol(1982)提出的创业事件模型首先将创业视为一项由主动性、能力、技巧以及冒险精神相互作用而形成的活动，然后基于这一判断，认为个人的创业意愿主要取决于三个基本要素：感知的希求性、感知的可行性以及行动的倾向。这里，两位学者将感知的希求性定义为个人在内心和外在影响下所感知到的创业吸引力；将感知的可行性定义为个人觉察到的自身与创业有关的能力水平；并将行动的倾向定义为与个人意志方面有关，是个人履行自身决定的倾向。显然，个人所感知到的创业希求性、可行性和行动倾向越强烈，就越有可能产生创业意愿。

Bird(1988)于1988年在《管理学评论》杂志上发表了一篇关于创业创意实现的文章，文中他通过对20位创业者的调查，提炼出创业意愿的产生过程，并据此提出了创业创意实现模型。Bird认为个人的创业意愿始于他的需求、价值观、欲望、习惯和信念，之后再形成了个人内心的三项活动，包括产生和维持压力感、持续的战略聚焦以及形成自身的战略态度。他指出，正是这三项内心活动促使个人产生创业的想法，并反过来作用于其需求、价值观、欲望、习惯和信念。

另一个用于解释创业意愿产生机制的经典模型是由Ajzen(1991)提出的计划行为理论。就创业而言，该理论指出创业意愿的前因变量主要包括：(1)个体对创业行为后果的主观态度；(2)个体所感知到的有关创业的社会规范；(3)个体所感知到的自身对创业行为的控制水平。前两项反映了个体所感知到的创业希求性，后一项则反映了个体所感知到的创业可行性。国内许多学者都采用了该模型对创业意愿进行实证分析（李永强等，2008；熊智伟、王征兵，2012）。值得一提的是，Ajzen 的计划行为理论与 Shapreo 的创业事件模型在很大程度上是相互对应的，前者的主观态度对应于后者的创业希求性，而前者的自控水平则对应于后者的创业可行性（Krueger Jr.，1993）。Krueger Jr. 等（2000）比较了这两个模型，发现它们对创业意愿都具有较好的解释能力。

之后，Krueger Jr. 和 Brazeal（1994）在创业事件模型和计划行为理论的基础之上建立了创业潜力模型。该模型仍然是从个人所感知的创业希求性和创业可行性出发，定义由这两者所构成的创业可信性在行动倾向的共同作用下形成了个人的创业潜力，当发生某些促成事件时，譬如失业、迁移等，就会引发个人创业意愿的产生。

4.2.2 创业意愿的影响因素

长期以来，萦绕于创业研究者头脑中的一个基本问题是：什么样的人会成为创业者？对这一问题的求索几乎贯穿了创业研究的整个发展历程。最初，学者们从人格心理特质和文化环境差异入手，试图寻找人们选择创业道路与否的原因。尽管这方面的研究尝试没有得出令人信服的结论，却也基本建立起一个包含个体和环境层面的分析架构。随着创业意愿对创业行为的解释和预测能力日渐受到学术界的承认和重视，学者们逐渐转而对影响创业意愿的关键因素展开研究。通过借鉴已有的分析架构，并结合来自于社会网络等理论视角下的研究思路，有关创业意愿影响因素方面的学术工作取得了一系列有益的进展。

首先，围绕潜在创业者而展开的研究突破了特质论的局限，从多个角度对影响创业意愿的个体因素加以分析。就人口学特征而言，除了年龄、婚姻等因素之外（Blanchflower & Meyer，1994），一些学者特别关注了性别对创业意愿乃至行为的影响。Cooper，Gimeno-Gascon & Woo（1994）认为女性的创业意愿水平通常要低于男性；Weber（2007）则进一步指出，大多数农村妇女倾向于通过诸如扩大种养殖规模、开办农家乐等方式进行创业。而对心理特征的讨论，除了继续对成就需要、风险态度、内控点、模糊容忍度等人格特质进行检验外，基于认知理论探索个体的认知特点，尤其是认知偏见对创业意愿的作用机制也是其中重要的组成部分。Lüthje 和 Franke(2003)运用美国 MIT 工程学专业学生的调查数据，证明了风险偏好程度通过影响创业态度进而作用于创业意愿；Camerer 和 Lovallo(1999)的研究则发现，过分自信的人往往对创业可行性有着优于实际水平的感知，进而在这种有偏感知的诱导下产生创业意愿。另一项与个体紧密联系的因素则是人力资本，有研究指出，人力资本的积累对于农民创业而言具有重要的意义(Meccheri & Pelloni, 2006)。受教育程度高的农民更容易产生创业意愿(Kaushik, Kaushik & Kaushik, 2006)。而除了正规教育外，参与技能培训同样能增加农民的人力资本存量，从而影响其创业意愿(汪三贵等，2010；钟王黎、郭红东，2010)。Firkin(2001)把人力资本划分为一般人力资本和特殊人力资本，后者包含了产业人力资本与创业人力资本。事实上，Firkin 所说的特殊人力资本即是近期许多学者关注的先前经验。

其次，社会网络对创业意愿的影响日渐受到学者们的重视。当前，这方面的研究工作主要从行为榜样和网络支持两个方面出发来分析个人社会网络对创业意愿的影响(蒋剑勇、郭红东，2012)。已有许多文献证明了个人社会网络中的成功创业者能够促使个人产生创业意愿(Scherer, Adams & Carley et al., 1989; Van Auken, Stephens & Fry et al., 2006)。其中，父母是创业者的情况最为典型。Scherer 等(1989)认为，子女观察到父母成功的创业活动，能够促进其对创业作出正面的评价，进而产生对创业行为的偏好。另外，个体通过学习和模仿父母的创业行为，也能提高个体对自身创业能力的评价，从而增强创业可行的信心，继而产生创业意愿。另一方面，个人社会网络中的成员，尤其是家人和朋友对其创业选择的支持程度同样也会影响其创业意愿(Moore, 1990)。

最后，学术界开始从个体感知的角度来分析外部环境对创业意愿的影响。良好的创业环境犹如肥沃的土壤，富含潜在创业者捕捉机会所需的各种有形和无形的养分(Shapero, 1981; Shapero & Sokol, 1982; Krueger Jr. & Brazeal, 1994)。但是，显然并不是每位潜在创业者最终都会进行创业活动，事实上，只有那一部分具有创业意向的人群才有较大的可能性在将来真正从事创业活动。解释两者间这一落差的原因之一可能是个体的情境感知不同。

换言之，即便处于同一个创业环境中，不同个体对这一环境的感受和认识也不尽相同(Brazeal，1993；Krueger Jr. & Brazeal，1994)。Lüthje 和 Franke (2003)研究发现，人们所感知到的创业环境宽松度对创业意愿具有直接的作用。

4.2.3 国内农民创业意愿的相关研究

近年来，随着农民群体的创业活动日渐成为国内创业学者们积极关注的新时期热点，围绕这一人群而展开的创业意愿研究也日渐增多。

就已有的文献成果而言，大多数研究者都首先考察了我国农民群体或其中的子集——农民工群体的创业意愿总体情况。譬如，朱红根等(2010)在对江西省回乡农民工抽样调查后发现，64.6%的受访回乡农民工具有创业意愿；石智雷等(2010)对湖北省恩施自治州回乡农民工的入户抽样调查也显示出类似的情况，大约有57.3%的受访者具有创业意愿，另外，在进一步了解了具有创业意愿的回乡农民工的创业方向后，发现接近八成的受访者选择了与农业有关的领域，这一点与实际观察到的农民工创业产业分布情况差别较大。

与此同时，部分学者借鉴了创业领域对创业意愿影响因素的研究思路，或者直接借助创业意愿产生机制的理论模型，尤其是计划行为理论对农民创业意愿的形成过程进行分析(彭艳玲等，2011；熊智伟、王征兵，2012)，或者基于不同的主流创业观察视角探索作用于农民创业意愿产生过程的关键因素(朱红根，2011；蒋剑勇、郭红东，2012)。本书对当前国内有关农民创业意愿影响因素的实证研究的主要结论进行了梳理，并根据第3章提出的农民创业研究的概念框架所涉及的要素层面对影响因素加以归并，结果如表4.1所示。

客观来看，国内学术界对农民创业现象的系统研究才刚刚起步，因而借鉴、学习甚至模仿那些创业领域中重要主题的相关分析套路仍然是大多数文献采取的研究策略。但令人欣喜的是，有部分学者并没有简单机械地将创业意愿研究思路套用在农民群体身上，而是立足于挖掘我国农民这一特殊群体的创业意愿的独特之处。例如，考虑到我国农民工群体存在明显的代际差异，张改清(2011)分析了第一代农民工和第二代农民工在回乡创业意愿上的不同，发现尽管第一代农民工的自身素质与家庭资源较第二代而言处于劣势，但其回乡创业意愿却强于第二代农民工，若不考虑回乡这一约束，第二代农民工的创业意愿则要强于第一代。这里给我们的另一个启发是，农民工回乡创业意愿与就地创业意愿是不同的。任锋等（2012）则从就业稳定性差异的角度切入，对人力资本与社会资本在稳定就业与不稳定就业农民工创业意愿产生过程中的作用进行比较，结果发现人力资本与社会网络对不同就业特征农民工群体创业的作用方式存在差异：不稳定就业农民工的受教育程度越低，所处社会网络位置的桥梁性越高，则越可能选择创业；而稳定就业农民工在城市工作的时间越长，社会网络的内聚性越强，则越有可能开展创业活动。

表 4.1　国内有关农民创业意愿影响因素的实证结论梳理

要素层面	影响因素	作用机制	结论出处
个体层面	年龄	先＋后－	朱红根等（2010）
		－	墨媛媛等（2012）；戚迪明等（2012）
	性别	女性＜男性	朱红根等（2010）
		女性＞男性	石智雷等（2010）
	婚姻	已婚＞未婚	朱红根等（2010）
	风险态度	＋	陈波（2009）；朱红根等（2010）；熊智伟、王征兵（2012）
	当前个人工资水平	－	朱红根等（2010）
	受教育水平	＋	汪三贵等（2010）；钟王黎、郭红东（2010）；朱红根等（2010）
	参与培训情况	＋	石智雷等（2010）；汪三贵等（2010）
	务工经历	＋	石智雷等（2010）；钟王黎、郭红东（2010）；
		－	墨媛媛等（2012）；戚迪明等（2012）
网络层面	网络规模	＋	朱红根等（2010）；戚迪明等（2012）
	强连带支持	＋	蒋剑勇、郭红东（2012）
	创业榜样	＋	钟王黎、郭红东（2010）；蒋剑勇、郭红东（2012）
	社会资本	＋	汪三贵等（2010）；朱红根等（2010）

续 表

要素层面	影响因素	作用机制	结论出处
资源层面	家庭财富水平	+	朱红根等(2010);戚迪明等(2012)
	家庭年收入	−	钟王黎、郭红东(2010)
	专业技术水平	+	墨媛媛等(2012)
	家庭劳动力数	+	钟王黎、郭红东(2010)
环境层面	政策环境	+	朱红根等(2010);朱红根等(2011)
	文化环境	+	蒋剑勇、郭红东(2012)
	基础设施	+	朱红根(2011)

注：表中的作用机制"+"表示该影响因素与农民创业意愿存在正相关,"−"则表示存在负相关。

4.3 实证框架与模型选择

4.3.1 实证框架

通过对创业意愿相关研究成果的回顾梳理,不难发现探索创业意愿背后的影响因素是该主题下大多数学者都感兴趣的热点问题。在文献查阅以及实地调查的过程中,我们注意到农民群体在不同产业条件下的创业意愿存在差异,即农民创业意愿中内含的产业倾向在个体间的分布是不同的,但是以往研究大都旨在回答为什么是这些而不是那些农民具有创业意愿的命题,并未对意愿内在属性的差异进行充分解释。本章在考察农民创业意愿时引入了产业维度,致力于讨论影响农民产生农业创业意愿的关键因素。

在提出本章的实证分析框架之前,有一点需要加以说明。有学者对创业意愿产生与创业机会识别之间的关系作出了如下判断:潜在创业者对创业机会的识别会促成并强化其创业意愿(牛志江,2010;刘万利等,2011)。也有学者持相反意见,认为创业意愿的确认要先于创业机会识别(Hills,Lumpkin & Singh,1997;Hills,Shrader & Lumpkin,1999)。综合考虑上述观点的理论逻辑与实地考察所得的直观经验后,本书倾向于认同后一种观点,即农民确认其创业意愿先于创业机会识别，在创业意愿的驱动下，农民积极主动地采取有意识的信息搜索行为，从而识别出可能的创业机会，并由此开启创业过程。由此，本章提出以下实证分析框架（见图 4.1）。

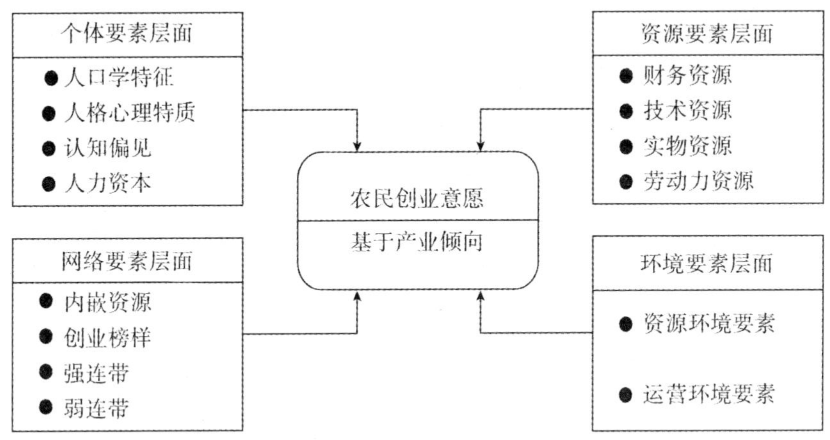

图 4.1　农民创业意愿影响因素实证分析框架

4.3.2　模型选择

根据上述实证框架，本书选取农民创业意愿作为被解释变量，将其他可能引起农民创业意愿变化的一系列因素作为解释变量。由于调查过程中每位受访农民对关于其创业意愿询问的反馈是唯一的，即每一个观测样本的创业意愿响应值均为没有创业意愿、具有非农创业意愿和具有农业创业意愿这三者中的某一项，且三个备选项之间不存在序次关系，所以本章选择使用 Multinomial Logit 模型①来拟合所研究的问题。

有学者指出，目前国内关于农民创业意愿的测量大多使用绝对测量法而非连续测量法，因而不能准确反映创业意愿这一心理状态的程度（蒋剑勇、郭红东，2012）。但由于学术界常用的比较成熟的创业意愿测量量表，例如

① 在分类因变量模型（CDVM）中，Multinomial Logistic Regression（MNL）和 Multinomial Probit Regression（MNP）都可以用来处理因变量具有两项以上分类且不同类别间不存在序次关系的情况。两者的核心差异在于对误差项分布的假设不同：在 MNL 中，误差项被假设服从标准 Logistic 分布，而在 MNP 中，误差项则被假设服从标准正态分布。有学者认为 MNP 相比 MNL 应用得少是因为 MNP 与多元正态分布相连，在估计方面的计算较为困难（王济川、郭志刚，2001）。考虑模型估计与检验需要，本书选择使用 MNL 模型进行计量分析。

Chen，Greene 和 Crick(1998)，Thompson(2009)开发的个体创业意愿量表只能测量出农民创业意愿的总体水平，却无法进一步反映特定产业条件下的农民创业意愿情况，即采用连续测量法不能有效分离农业创业意愿和非农创业意愿，故本书选用绝对法对被解释变量即农民的创业意愿进行测量。此外，为了能在一定程度上控制受访农民在回答是否具有创业意愿时的随意性，本书在调查问卷中另外设置了两个题目，用以佐证受访者回答的可信程度。这两个题目来自 Thompson(2009)所开发的个体创业意愿量表，分别是“您现在有在为创业存钱吗”和“您会在平时留心学习如何做生意吗?”当受访农民对这两个题目中至少一项给出肯定答案时，则接受其具有创业意愿的回答；当受访农民对这两个题目均给出否定答案时，出于谨慎考虑，将拒绝其具有创业意愿的回答。下面对 Multinomial Logit 模型作简要介绍。

考虑被解释变量 y 具有 $1,2,\cdots,m$ 种可能结果，解释变量为 X。具体到本章所研究的问题，$m=3$，对这三种结果分别赋值如下：没有创业意愿($y=0$)、具有农业创业意愿($y=1$)和具有非农创业意愿($y=2$)。此时，模型需要估计三组不同系数 $\beta^{(1)}$、$\beta^{(2)}$ 和 $\beta^{(3)}$ 以对应于不同的结果。当选择第一种结果作为参照类，即 $\beta^{(1)}=0$ 时，得到以下概率方程：

$$P(y=1)=\frac{1}{1+e^{X\beta^{(2)}}+e^{X\beta^{(3)}}} \tag{4.1}$$

$$P(y=2)=\frac{e^{X\beta^{(2)}}}{1+e^{X\beta^{(2)}}+e^{X\beta^{(3)}}} \tag{4.2}$$

$$P(y=3)=\frac{e^{X\beta^{(3)}}}{1+e^{X\beta^{(2)}}+e^{X\beta^{(3)}}} \tag{4.3}$$

$\frac{P(y=2)}{P(y=1)}=e^{X\beta^{(2)}}$，$\frac{P(y=3)}{P(y=1)}=e^{X\beta^{(3)}}$，即第二、第三种结果对比第一种结果的风险比。

假设 X 和 $\beta^{(2)}$ 所代表的向量为 $(x_1,x_2,\cdots,x_k)$ 和 $(\beta_1^{(2)},\beta_2^{(2)},\cdots,\beta_k^{(2)})'$，那么当第 i 个解释变量变化一个单位时，第二种结果对比第一种结果的风险比的变化为：$\frac{e^{\beta_1^{(2)}x_1+\beta_2^{(2)}x_2+\cdots+\beta_i^{(2)}(x_i+1)+\cdots+\beta_k^{(2)}x_k}}{e^{\beta_1^{(2)}x_1+\beta_2^{(2)}x_2+\cdots+\beta_i^{(2)}x_i+\cdots+\beta_k^{(2)}x_k}}=e^{\beta_i^{(2)}}$。类似的，此时第三种结果对比第一种结果的风险比的变化为 $e^{\beta_i^{(3)}}$。

4.4 变量说明与研究假设

如图 4.1 所示，本章的实证分析框架中影响农民创业意愿的因素来自于四个要素层面，分别是个体要素层面、网络要素层面、资源要素层面和环境要素层面，各个要素层面又分别涵盖了一系列实证指标类别。按照 Dubin（1978）的理论构建过程，接下来首先需要恰当地选取并测量反映不同要素层面内涵的实证指标即解释变量，然后在此基础上提出本章的研究假设，最后对其进行统计意义上的检验。

4.4.1 解释变量的选取和假设

（1）个体要素层面的解释变量。个体要素层面下的实证指标类别主要有受访农民的人口学特征、人格心理特质、认知偏见和人力资本。① 人口学特征：选取年龄、性别和婚姻这三个变量来反映受访农民的人口学特征，考虑到部分研究认为农民随着年龄的增长，其创业意愿会先递增后递减（Blanchflower & Meyer，1994；朱红根等，2010），故在解释变量中加入年龄的平方项。② 人格心理特质：尽管个体的人格心理特质对创业意愿或行为的解释和预测效果颇受质疑，但仍有一些经验研究证明了农民的风险态度对其创业意愿或行为具有影响（陈波，2009；朱红根等，2010；熊智伟、王征兵，2012），因此本书选取风险态度这一变量来反映受访农民与创业有关的心理特质。③ 认知偏见：在已有文献中，学者们较为集中地讨论了过分自信这种认知偏见。它是指个体过高估计了自己在开创新业务方面的知识、能力和技巧（Hayward，Shepherd & Griffin，2006；Koellinger，Minniti & Schade，2007；Trevelyan，2008）。本书也将考察这种认知偏见对农民创业意愿的影响。④ 人力资本：本书选取受教育年限、参与培训情况来反映受访农民的一般人力资本；选取先前创业经历、涉农工作时间占比来反映受访农民的先前经验。前者测量的是受访农民的创业经验，后者测量的则是农业产业经验。

（2）网络要素层面的解释变量。网络要素层面下的实证指标类别主要有受访农民个人社会网络中嵌入的资源、创业榜样、强连带规模、弱连带规模以及网络支持。本书通过调查受访农民亲友中从事特定职业的人数来反映社会资源水平;通过调查其父母的创业情况来了解其社会网络中是否存在创业榜样;通过调查受访农民春节时往来的强连带和弱连带规模来了解其网络规模状况;通过调查受访农民家人、朋友对其创业活动的支持程度来反映其网络支持情况。

(3) 资源要素层面的解释变量。选取受访农民 2011 年家庭总收入、是否掌握某项手艺、家庭可使用的土地数量以及家庭劳动力数量来反映其资源拥有情况。

(4) 环境要素层面的解释变量。借鉴 Gnyawali 和 Fogel(1994)对环境要素的划分方式,本书同样将环境要素分为资源环境要素和运营环境要素,前者包括融资环境、教育环境、技术环境;后者包括政策环境、基础设施环境、社会文化环境以及市场环境。通过调查受访农民对上述环境要素宽松性的感知情况来反映其所处的创业环境状况。

根据已有的相关文献,本章主要提出以下研究假设:

假设 1:先前创业经验对农民产生农业创业意愿具有正向影响。

假设 2:涉农工作时间占比对农民产生农业创业意愿具有正向影响。

假设 3:农民个人网络中嵌入的资源对农民产生农业创业意愿具有正向影响。

假设 4:父母创业情况对农民产生农业创业意愿具有正向影响。

假设 5:农民感知的网络支持对产生农业创业意愿具有正向影响。

假设 6:农民感知的创业环境宽松性对产生农业创业意愿具有正向影响。

4.4.2 主观性变量的测量

(1) 信度和效度分析

不难发现,在所选取的上述解释变量中,有一部分是属于主观性变量,对该类型变量的测量往往是以采用李克特(Likert)量表的方式进行。[①] 在模型回归前,有必要对本章所使用的旨在测量受访农民的人格心理特质、认知偏见、亲友支持度及其所感知的创业环境状况的量表进行信度和效度分析。

① 本文采用了李克特 5 点量表,答案从 1 到 5 分别代表了受访农民对题项所表述内容的同意程度,从“非常不同意”到“非常同意”;而在测量认知偏见的量表中,答案的含义则是从“非常不自信”到“非常自信”。

通过对用于测量主观性变量的量表进行克朗巴哈 α 系数(Cronbach's Alpha)检验[①]，我们得到了如表 4.2 所示的相应结果。可见，所有量表的克朗巴哈 α 系数值均大于 0.8，由此可以认为问卷调查中使用的主观性变量的测量量表具有较好的内在信度。[②]

表 4.2 主观性变量测量量表的 Cronbach's Alpha 系数结果

所测潜变量	Cronbach's Alpha 系数值	量表题项数
风险态度	0.889	5
过分自信	0.827	5
融资环境宽松性	0.880	3
教育环境宽松性	0.878	3
技术环境宽松性	0.853	3
政策环境宽松性	0.868	3
基础设施环境宽松性	0.871	3
社会文化环境宽松性	0.909	5
市场环境宽松性	0.865	3
亲友支持度	0.905	3

此外，研究中采用的量表经由文献整理分析，综合前人研究成果设计而成，且用以测量每一个主观性解释变量的量表都经过相关专家的讨论和修正，因此量表具有一定的表面效度与内容效度。譬如，由于学者们通常使用自我效能作为测量过分自信的代理，因而本书在测量该变量时使用了 McGee，Peterson 和 Mueller 等(2009)所设计的自我效能量表；而测量所感知到的创业环境宽松性则主要借鉴了 GME 专家调查问卷以及陈巍(2010)等有关创业环境不确定性研究中的相关量表。

① 一般认为，Cronbach's Alpha 系数大于 0.9 时，量表的内在信度很高；若系数在 0.8 和 0.9 之间，则量表的内在信度可以接受；若系数在 0.7 和 0.8 之间，则量表的设计存在一定问题，但仍具有一定的参考价值；该系数小于 0.7 时，则认为量表设计存在很大问题，应考虑重新设计。

② 内在信度评价的是一组测量题项所测量的是否是同一个特征，反映了这些题项之间是否具有较高的内在一致性。此处，除了计算克朗巴哈 α 系数，我们还进一步查看了各个量表在逐个删除题项的情况下克朗巴哈 α 系数的变化情况。结果显示各个量表中不存在需要删除的题项，即删除任何一项题项都会导致量表内在信度下降，具体结果参见附录 3。

(2) 探索性因子分析

进一步的,为了得到参与模型回归的主观性解释变量值,需要对量表中的直接观测变量进行因子分析。首先,我们采用巴特利特球形检验(Bartlett's Test for Sphericity)[①]和KMO检验(Kaiser-Meyer-Olkin Measure of Sampling Adequacy)[②]来确认待定分析的各个量表是否适合进行因子分析。结果显示,所有量表的巴特利特球形检验统计值所对应的P值均小于0.01,且相应的KMO值也都大于0.7。由此可以认为,本研究所采用的主观性变量测量量表均适合进行探索性因子分析。表4.3显示了风险态度量表的探索性因子分析结果,表明该量表中涉及的各个题项变量适合提取出一个公共因子即风险态度,通过进一步计算因子得分系数矩阵,可以得到每个观测样本的风险态度公共因子得分,并以此代替原始量表中的题项变量观测值进入模型回归。由于篇幅所限,文中并未列出全部主观性变量的探索性因子分析结果,除了风险态度外其余变量的分析结果详见附录3。借助于探索性因子分析,我们提取出了1个风险态度因子、1个过分自信因子、1个亲友支持度因子以及反映创业环境状况的7个因子,其分别测度了受访农民感知的所在地区的融资、教育、技术、政策、市场、基础设施和社会文化等维度的创业环境宽松性水平。

表4.3 风险态度探索性因子分析结果

测量题项	均值	标准差	因子载荷
大多数时候我会选择做一些小风险的事情	3.291	0.999	−0.840
我经常会在多数人发现有风险时保持镇定	3.256	0.883	0.829
我经常会很有把握做一些多数人认为有风险的事情	2.992	0.948	0.867
为一个可能实现的高收入而承担风险,我会觉得不值得	3.133	1.038	−0.852

① 巴特利特球形检验是以变量的相关系数矩阵为出发点的,它的零假设为相关系数矩阵是一个单位阵。当该检验的统计量较大且对应的P值小于研究设定的显著性水平,那么应该拒绝零假设,即可以认为变量之间存在相关性,适合做因子分析。

② KMO是取样适当性量数,KMO值越大,表示变量间的共同因素越多。一般认为KMO值小于0.5时,较不宜进行因子分析。

续 表

测量题项	均值	标准差	因子载荷
如果项目回报非常高，我会毫不犹豫地将我的钱投进去	2.955	0.954	0.774
特征根值	3.468		
累计方差解释率(%)	69.36		

注：公共因子提取方法采用的是主成分法；巴特利特球形检验对应的 P 值为 0.000；KMO 值为 0.850；题项 1 和 4 为反向计分。

本章利用中国农民创业调查的非创业者数据进行计量分析。有关该项调查的背景和所获得的非创业者数据的基本情况已在本书第 3 章中进行了介绍，此处不再赘述。表 4.4 给出了研究涉及变量的定义以及样本的初步统计结果。

表 4.4 农民创业意愿影响因素分析涉及变量的定义及初步统计结果

变量名称	变量定义	平均值	标准差
被解释变量			
农民创业意愿	没有创业意愿＝0；具有非农创业意愿＝1； 具有农业创业意愿＝2	0.982	0.893
解释变量			
性别	男性＝1；女性＝0	0.671	0.470
婚姻	已婚＝1；未婚＝0	0.616	0.487
年龄 I	受访农民的实际年龄(岁)	(0.000)	11.667
年龄 I 的平方	受访农民实际年龄的平方项	135.783	115.592
风险态度*	受访农民的风险偏好程度	0.000	1.000
过分自信*	受访农民的过分自信程度	(0.000)	1.000
受教育年限 I	受访农民接受正规教育的年数(年)	(0.000)	3.735
受教育年限 I 的平方	受访农民接受正规教育年数的平方项	13.912	17.821
参加培训情况	参加过＝1；未参加过＝0	0.415	0.493

续　表

变量名称	变量定义	平均值	标准差
涉农工作时间占比	受访农民累计从事涉农产业工作时间占工作总时间的比例×100	38.254	38.951
先前创业经历	曾经创业=1;从未创业=0	0.163	0.370
2011年家庭总收入	受访农民家庭2011年总收入(万元)	8.828	13.541
家庭可使用土地量	受访农民家庭可使用的土地数量,包括承包地和流转入的土地面积(亩)	6.166	9.294
家庭劳动力数量	受访农民家庭拥有的劳动力数量(人)	2.802	1.133
手艺掌握情况	掌握某种手艺=1;没有任何手艺=0	0.580	0.494
强连带规模	受访农民的社会网络中强连带的规模,取值从1到5表示规模递增	3.005	1.160
弱连带规模	受访农民的社会网络中弱连带的规模,取值从1到5表示规模递增	2.683	1.407
任村干部亲友数	受访农民亲友中担任村干部的人数(人)	1.224	1.267
任公务员亲友数	受访农民亲友中担任公务员的人数(人)	1.977	2.039
任职金融机构亲友数	受访农民亲友中在金融机构任职的人数(人)	1.013	1.336
父母创业情况	曾经或正在创业=1;从未创业=0	0.176	0.381
亲友支持度*	亲友对受访农民创业的支持程度	(0.000)	1.000
融资环境*	受访农民感知到的融资环境宽松性程度	(0.000)	1.000
技术环境*	受访农民感知到的技术环境宽松性程度	(0.000)	1.000
教育培训环境*	受访农民感知到的教育培训环境宽松性程度	(0.000)	1.000
政策环境*	受访农民感知到的政策环境宽松性程度	0.000	1.000
市场环境*	受访农民感知到的市场环境宽松性程度	(0.000)	1.000

续 表

变量名称	变量定义	平均值	标准差
基础设施环境*	受访农民感知到的基础设施环境宽松性程度	(0.000)	1.000
社会文化环境*	受访农民感知到的社会文化环境宽松性程度	(0.000)	1.000
地区虚拟变量			
东部	东部地区＝1；其他＝0	0.563	0.497

注：表中带"*"号的变量是采用相应量表进行测量的，所计算的平均值和标准差为该量表经由因子分析而产生的标准化公共因子得分的平均值和标准差；表中年龄*I*和受教育年限*I*这两个变量则是由年龄和受教育年限经过"对中"处理后得到的。表中带有"()"的数值表示为负数。

4.5 描述性分析

4.5.1 农民创业意愿的基本情况

在非创业者数据的398个样本中，有236位受访农民表示自己具有创业的意愿，占到样本总体的59.3%。在具有创业意愿的236位农民中，想要在农业领域创业的有81位，占具有创业意愿农民总体的34.3%，这与当前农民创业意愿较高且倾向于非农创业的实际情况基本符合。另外，236位农民中有超过一半认为自己会在3年之内创业。

在考察具有创业意愿农民的创业目的时发现，62.29%的农民创业是为了提高生活水平，27.97%的农民是为了实现人生理想，还有4.66%的农民想要通过创业提高自己的社会地位，值得一提的是，仅有5.08%的农民是为了解决温饱问题才想创业。这一点支持了 Mohapatra，Rozelle 和 Goodhue (2007)认为中国农村的自我雇佣是积极的创业而不是消极的谋生的观点。

另一个令人感兴趣的信息是那些具有创业意愿的农民会选择怎样的组织形式。一般而言，个体户、合伙企业、个人独资企业和有限责任公司等形式比较符合农民的创业特点，因而在农民创业实践中较为常见。正如表4.5所显示，236位被调查农民中，有45.76%倾向于以个体户的形式创业，有38.98%倾向于以合伙企业的形式创业，两者一共占了样本总体的84.74%。相较于个体户和合伙企业，较少农民选择需要单独承担无限责任的个人独资企业和注册要求较高的有限责任公司这两种组织形式。进一步看，超过一半具有农业创业意愿的农民选择了个体户作为未来创业的组织形式，而具有非农创业意愿的农民选择最多的创业组织形式则是合伙企业。

表 4.5　不同创业意愿与创业组织形式的交互分布情况

创业意愿 / 创业组织形式倾向	具有创业意愿		具有农业创业意愿		具有非农创业意愿	
	人数	占比	人数	占比	人数	占比
个体户	108	45.76%	43	53.09%	65	41.94%
合伙企业	92	38.98%	25	30.86%	67	43.23%
个人独资企业	21	8.90%	9	11.11%	12	7.74%
有限责任公司	15	6.36%	4	4.94%	11	7.10%
总计	236	100%	81	100%	155	100%

注：$N=236$。

4.5.2　创业意愿影响因素的概况

依据受访农民创业意愿的不同，非创业者数据可以被划分为三个子集：具有农业创业意愿的农民、具有非农创业意愿的农民和没有创业意愿的农民。下面将重点就受访农民的个体特征、网络特征和资源特征在不同样本子集间的分布情况进行描述性统计分析。

(1) 个体特征

在农民的个体特征中，人力资本是许多研究重点考察的因素。如表4.6所示，在本调查中，具有农业创业意愿农民的平均受教育年限最低，为9.94年，具有非农创业意愿农民的平均受教育年限则最高，达到12.47年。此外，在具有非农创业意愿农民中，有56.77%的农民曾经参加过培训，而没有创业意愿农民中的这一比例仅为它的一半。在先前经验方面，具有农业创业意愿的农民中具有创业经历的占到30.86％，是各样本子集中最高的；同时，具有农业创业意愿农民的平均涉农工作时间占比也最高，达到了52.33％。从整体上看，具有农业创业意愿农民的特殊人力资本包括创业经验和产业经验的水平较高，而具有非农创业意愿农民的一般人力资本水平较高。

表4.6　按创业意愿分受访农民人力资本的基本情况

	没有创业意愿	具有农业创业意愿	具有非农创业意愿
平均受教育年限(年)	10.52	9.94	12.47
参加过培训农民比例(％)	28.40	38.27	56.77
曾经创业过农民比例(％)	8.64	30.86	16.77
平均涉农工作时间占比(％)	46.47	52.33	22.31

注：$N=398$。

(2) 网络特征

如表4.7所示，具有创业意愿的农民拥有较多的社会资源。其中，具有农业创业意愿农民的亲友中平均有1.68人担任了村干部，高于具有非农创业意愿的农民；而后者的亲友中平均有2.42人和1.39人为公务员和金融机构工作人员，是各样本子集中最高的，且该群体中父母曾经或正在创业的比例也最高。

表4.7　按创业意愿分受访农民社会网络的基本情况

	没有创业意愿	具有农业创业意愿	具有非农创业意愿
平均任村干部亲友数(人)	0.96	1.68	1.26
平均任公务员亲友数(人)	1.40	2.30	2.42
平均任职金融机构亲友数(人)	0.59	1.12	1.39
父母创业比例(％)	6.79	17.28	29.03

注：$N=398$。

(3) 资源特征

如表4.8所示，各项资源中，家庭可使用土地数量在各样本子集间存在较大差异。具有农业创业意愿农民户均拥有土地数量为9.52亩，高出没有创业意愿农民1倍，且该群体中拥有手艺的农民比例也最高，达到了70.37％。

表 4.8　按创业意愿分受访农民拥有资源的基本情况

	没有创业意愿	具有农业创业意愿	具有非农创业意愿
2011 年平均家庭总收入(万元)	8.07	10.01	9.00
平均家庭可使用土地量(亩)	4.80	9.52	5.84
平均家庭劳动力数量(人)	2.69	2.70	2.97
拥有手艺的农民比例(%)	53.70	70.37	56.13

注：$N=398$。

4.6　实证分析结果与讨论

4.6.1　模型估计结果

在使用 Multinomial Logit 模型时，满足无关备选方案独立性(IIA, independence of irrelevant alternative)假设是十分重要的。[①] Hausman 和 McFadden(1984)认为如果选项之间近似但又未近似到可加以合并的程度时，就需要在选用 MNL 模型进行分析之前对 IIA 假设进行检验。常用的检验方法包括有 Hausman 检验、Suest-based Hausman 检验以及 Small-Hsiao 检验。由于 Hausman 检验和 Small-Hsiao 检验的结果通常不唯一，特别是 Small-Hsiao 检验，每次运算的结果都可能会发生变化，所以本书选用 Suest-based Hausman 检验来考察模型对 IIA 假设的满足情况。结果表明，本章所研究的问题本质上满足 IIA 假设，选用 MNL 模型是恰当的，如表 4.9 所示。

① MNL 模型假定对因变量中任意两个类别做选择时的风险比对数与其他备选类别无关。也就是说，删除或增加某个备选类别不会影响当前这两个类别的风险比对数，这让我们可以在不需要重新估计模型的情况下引进新类别。但这同时也意味着对原有类别而言，关于新类别的需求的交叉弹性在不同的类别间是一致的。正如用来说明该假设的经典案例“红巴士和蓝巴士”所示，当引入的新类别与原有类别非常近似的时候，就会导致虚假的比例膨胀问题(布鲁雅，2011)。

表 4.9 模型满足 IIA 假设情况的 Suest-based Hausman 检验结果

省略类别	χ^2	df	$P>\chi^2$	判 断
具有农业创业意愿	24.253	31	0.800	for H_0
具有非农创业意愿	26.495	31	0.697	for H_0
没有创业意愿	19.974	31	0.936	for H_0

注：H_0 指任意两个类别之间的风险比独立于其他类别。

此外，由于解释变量中含有年龄和受教育年限的平方项，这使数据产生了十分严重的多重共线性。为了最大限度地克服这一问题同时保留二次项，本文使用“对中”方法对年龄和受教育年限这两个解释变量进行处理：先定义两个新变量“年龄 *I*”和“受教育年限 *I*”为年龄和受教育年限分别减去各自的平均值，再进一步生成“年龄 *I*”和“受教育年限 *I*”的平方项。新产生的变量将代替原变量进入模型。通过对比处理前后解释变量的方差膨胀因子（见表 4.10），可以发现最大的 VIF 值从 124.43 显著降低到 5.34，且平均的 VIF 值也从 10.27 降低至 1.73，从而大大减轻了对由模型系数方差过大导致的估计不准确的担忧。

表 4.10 解释变量的方差膨胀因子

变 量	方差膨胀因子（VIF）		变 量	方差膨胀因子（VIF）	
	未处理	处理后		未处理	处理后
年龄	124.43	5.34	社会文化环境	1.84	1.84
年龄平方	103.78	1.89	技术环境	1.7	1.69
受教育年限	19.44	2.29	过分自信	1.65	1.65
受教育年限平方	19.19	1.16	任公务员的亲友数	1.54	1.54
婚姻	4.06	4.07	市场环境	1.53	1.53
教育培训环境	2.14	2.15	任村干部的亲友数	1.46	1.46
政策环境	2.06	2.05	任职金融机构亲友数	1.45	1.45
涉农工作时间占比	1.96	1.96	亲友支持度	1.44	1.43
融资环境	1.87	1.86	手艺掌握情况	1.4	1.40

续 表

变 量	方差膨胀因子(VIF)		变 量	方差膨胀因子(VIF)	
	未处理	处理后		未处理	处理后
风险态度	1.38	1.36	家庭可使用土地量	1.25	1.25
东部	1.35	1.36	强连带关系规模	1.25	1.25
父母创业情况	1.34	1.34	培训参加情况	1.23	1.23
基础设施环境	1.31	1.31	2011 年家庭总收入	1.17	1.17
先前创业经历	1.3	1.30	性别	1.16	1.16
弱连带关系规模	1.26	1.26	家庭劳动力数量	1.13	1.14
平均 VIF(未处理)	10.27				
平均 VIF(处理后)	1.73				

注：处理后计算的是年龄 *I*、受教育年限 *I*、年龄 *I* 的平方以及受教育年限 I 的平方的 VIF 值。

表 4.11 依次给出了三个模型的估计结果。模型 1 为 Logistic 回归模型，它检验了上述解释变量对被解释变量——农民创业意愿(具有意愿，取值 1；没有意愿，取值 0)的影响。模型 2 则借助 Multinomial Logit 模型对本章的研究假设进行了验证。模型 3 同样是采用 MNL 模型进行分析，与模型 2 不同的是在对系数进行假设检验时使用了稳健方差，也就是报告了消除模型异方差后的检验结果。从表 4.11 中可以看到，三个模型的估计结果整体均在0.01 的显著性水平上通过了对数似然比检验，且判断模型的拟合优度的各项常用指标值为 0.23～0.63，这表明农民创业意愿的产生确会受到模型中所包括的解释变量一定程度的影响。

4.6.2 估计结果讨论

(1) 在诸多个体层面的解释变量中，先前创业经历对于农民产生创业意愿的影响最为突出

从模型 3 的估计结果可以看出，不论是对于农民在农业创业意愿与没有创业意愿之间的选择，还是对于其在非农创业意愿与没有创业意愿之间的选择，先前创业经历都具有显著影响，且估计系数相对于其他解释变量而言都比较大。就农民在农业创业意愿与没有创业意愿之间的选择来说，在其他变

表 4.11 农民创业意愿影响因素实证模型的估计结果

变量	模型 1(Logistic)		模型 2(MNL)				模型 3(MNL，基于稳健方差)			
	具有/没有创业意愿		农业/没有创业意愿		非农/没有创业意愿		农业/没有创业意愿		非农/没有创业意愿	
	系数	P 值	系数	P 值	系数	P 值	系数	P 值	系数	P 值
截距项	0.404	0.637	−1.675	0.134	0.521	0.565	−1.675	0.116	0.521	0.574
性别	0.491	0.145	0.405	0.337	0.483	0.171	0.405	0.353	0.483	0.191
婚姻	−0.711	0.291	−0.378	0.651	−1.032	0.105	−0.378	0.650	−1.032	0.137
年龄 *I*	−0.015	0.624	−0.035	0.352	−0.004*	0.892	−0.035	0.360	−0.004	0.897
年龄 *I* 的平方	−0.003	0.109	−0.001	0.641	−0.004	0.054	−0.001	0.651	−0.004*	0.073
风险态度	0.081	0.638	0.226	0.288	0.053	0.781	0.226	0.298	0.053	0.772
过分自信	−0.090	0.639	−0.189	0.425	−0.109	0.588	−0.189	0.430	−0.109	0.613
受教育年限 *I*	−0.047	0.453	−0.174**	0.033	−0.002	0.968	−0.174**	0.048	−0.002	0.970
受教育年限 *I* 的平方	−0.011	0.216	−0.028**	0.043	−0.009	0.341	−0.028*	0.059	−0.009	0.363
参加培训情况	0.606*	0.063	−0.156	0.706	0.999***	0.004	−0.156	0.696	0.999***	0.005
涉农工作时间占比	−0.009*	0.080	−0.002	0.721	−0.012**	0.014	−0.002	0.712	−0.012**	0.020
先前创业经历	1.100**	0.018	1.198**	0.039	1.141	0.042	1.198**	0.025	1.141**	0.027
2011 年家庭总收入	−0.001	0.889	0.013	0.333	−0.029*	0.079	0.013	0.212	−0.029**	0.031
家庭可使用土地量	0.045**	0.026	0.051*	0.058	0.038	0.143	0.051**	0.026	0.038*	0.067
家庭劳动力数量	0.090	0.489	−0.048	0.784	0.191	0.216	−0.048	0.775	0.191	0.185
手艺掌握情况	−0.082	0.810	0.629	0.166	−0.423	0.261	0.629	0.185	−0.423	0.263
强连带规模	−0.099	0.436	−0.098	0.574	−0.139	0.337	−0.098	0.556	−0.139	0.315
弱连带规模	−0.069	0.508	0.034	0.812	−0.133	0.283	0.034	0.801	−0.133	0.265

续 表

变 量	模型 1(Logistic)		模型 2(MNL)				模型 3(MNL,基于稳健方差)			
	具有/没有创业意愿		农业/没有创业意愿		非农/没有创业意愿		农业/没有创业意愿		非农/没有创业意愿	
	系数	P 值	系数	P 值	系数	P 值	系数	P 值	系数	P 值
任村干部亲友数	0.174	0.204	0.340*	0.050	0.115	0.467	0.340**	0.035	0.115	0.452
任公务员亲友数	0.169*	0.059	0.107	0.353	0.234**	0.021	0.107	0.307	0.234**	0.015
任职金融机构亲友数	0.271*	0.082	0.203	0.235	0.276*	0.062	0.203	0.239	0.276*	0.093
父母创业情况	1.475***	0.004	1.411**	0.027	1.710***	0.001	1.411**	0.034	1.710***	0.002
亲友支持度	0.527***	0.003	0.379	0.104	0.578***	0.002	0.379*	0.080	0.578***	0.003
融资环境	0.243	0.194	−0.143	0.563	0.637***	0.008	−0.143	0.573	0.637***	0.004
技术环境	−0.070	0.723	−0.076	0.750	−0.031	0.887	−0.076	0.774	−0.031	0.887
教育培训环境	0.162	0.417	−0.057	0.832	0.285	0.239	−0.057	0.825	0.285	0.176
政策环境	0.490**	0.019	0.942***	0.000	0.099	0.688	0.942***	0.000	0.099	0.679
市场环境	0.476**	0.019	0.605**	0.015	0.441**	0.043	0.605***	0.009	0.441*	0.054
基础设施环境	0.022	0.905	0.121	0.584	0.006	0.975	0.121	0.591	0.006	0.975
社会文化环境	0.626***	0.001	0.895***	0.001	0.526**	0.021	0.895***	0.000	0.526***	0.008
东部	−0.110	0.751	−0.038	0.928	−0.100	0.788	−0.038	0.929	−0.100	0.790
对数似然值	−158.034***		−261.628***				−261.628***			
Pseudo R^2	0.412		0.378				0.378			
McFadden's Adj R^2	0.297		0.231				0.231			
ML (Cox－Snell) R^2	0.427		0.550				0.550			
Nagelkerke R^2	0.577		0.626				0.626			

注：***、**、* 分别表示在1%、5%、10%的水平上显著。

量保持不变的情况下，曾经创业过的农民产生农业创业意愿（相对于没有创业意愿）的风险比是没有创业经历的农民的3.31倍。另外，受教育年限对农民在农业创业意愿与没有创业意愿之间的选择具有一定的影响，且这种影响呈现倒U型，即随着受教育年限的增加，在其他变量保持不变的情况下，农民产生农业创业意愿（相对于没有创业意愿）的风险比会先增加后减少。

上述结果显示，农民个体特征中的人力资本对其产生创业意愿具有重要的意义。其中，对产生农业创业意愿而言，受教育程度与先前创业经历的作用更大。前者属于一般人力资本，后者属于特殊人力资本。从事农业创业活动与从事传统的小农生产不同，前者需要农民具备一定的科学文化知识，因而当农民自身文化水平较低，难以适应农业创业活动的基本要求时，农民产生农业创业意愿的可能性就较低；随着农民受教育水平的提高，农民想要投身农业创业的可能性会逐渐增加；而对于那些拥有较高学历的农民而言，产生农业创业意愿的可能性又会下降。显然，具备高学历的农民就业面较广、就业的稳定性也较好，且获得的报酬也较高，这在一定程度上减弱了他们从事高风险创业活动的动机。而曾经创业过的农民在职业选择上往往会留有一种“定势思维”，从而作出想要再次创业的选择。

(2) 在资源层面的解释变量中，家庭可使用土地数量是影响农民创业意愿的重要因素

从模型3的估计结果可知，在其他变量保持不变的情况下，家庭可使用土地数量每增加1亩，农民产生农业创业意愿（相对于没有创业意愿）的风险比是增加前的1.05倍。这是因为土地是农业生产不可或缺的重要资源，任何农业领域内的创业活动或多或少都与土地相联系。对于家庭可使用土地数量较多的农民来说，由于具备了开展农业创业的基础性条件，因而更有可能产生农业创业的想法。另外，2011年的家庭总收入对农民在非农创业意愿与没有创业意愿之间的选择有影响，但对农民在农业创业意愿与没有创业意愿之间的选择没有作用。在其他变量保持不变的情况下，2011年家庭总收入每增加1万元，农民产生非农创业意愿（相对于没有创业意愿）的风险比将比增加前下降3%左右。

(3) 在网络层面的解释变量中，父母创业情况和亲友的支持度对农民创业意愿具有十分重要的作用

依据模型3的估计结果，父母创业情况和亲友的支持度无论是对农民在

农业创业意愿与没有创业意愿之间的选择，还是对其在非农创业意愿与没有创业意愿之间的选择都具有显著的影响，且这两个变量对农民产生非农创业意愿(相对于没有创业意愿)的风险比的作用更大。从系数来看，在其他变量保持不变的情况下，父母曾经或正在创业的农民产生农业创业意愿(相对于没有创业意愿)的风险比是父母没有创业经历的农民的 4.10 倍；其产生非农创业意愿(相对于没有创业意愿)的风险比则是父母不曾创业的农民的 5.53 倍。同样的，亲友的支持度越高，农民产生农业创业意愿或非农创业意愿(相对于没有创业意愿)的风险比都将变大。此外，任村干部亲友数对农民在农业创业意愿与没有创业意愿之间的选择具有影响。在其他变量保持不变的情况下，任村干部的亲友数增加 1 人，农民产生农业创业意愿(相对于没有创业意愿)的风险比为增加前的 1.41 倍。

以往许多研究都证明了父母曾经或正在创业对子女产生创业意愿的重要影响，本研究也得到了相同的结论。对于那些父母曾经或正在创业的农民，父母的创业行为就像为他们树立起了近在咫尺的创业榜样，通过主动学习模仿或受到潜移默化的影响，他们将比其他农民具有更强的创业信心和更高的创业能力，因而也就更有可能产生创业意愿。同时，个体行为会受到周围人群态度的影响，特别是自己的家人和朋友。显然，农民感知到的亲友对其创业的支持程度越高，就越能增强其创业可行的信心，从而确认自身的创业意愿。此外，创业活动能否成功常常取决于创业者能否获得所需的资源，村干部往往是农村社区中的能人，他们既熟悉当地情况，又能与上级政府打交道，掌握了许多稀缺性的资源。因此，亲戚和朋友中担任村干部的人较多，也能够增强农民对创业可行的信心。

(4) 在环境层面的解释变量中，同时对农民产生农业创业意愿或非农创业意愿都具有影响的环境要素是市场环境和社会文化环境

农民所感知的市场环境与社会文化环境的宽松程度越高，就越有可能产生创业意愿。与此同时，政策扶持环境宽松性对农民产生农业创业意愿具有显著的正向影响，而融资环境宽松性则对农民产生非农创业意愿具有显著的正向作用。

4.7 本章小结

创业意愿被认为是发现潜在创业者的有效指标。长期以来，学术界对其进行了大量的研究，积累了许多经典文献与重要成果。当前，国内农民创业研究发展迅速，开始逐步涉足创业领域的多个核心主题。其中，比较多的文章对农民创业意愿进行了分析与讨论。但已有成果多从单一视角出发进行研究，且未对农民创业意愿的产业倾向加以剖析。

据此，本章在对以往关于创业意愿的研究文献进行梳理的基础上，构建了一个涵盖多个主流观察视角的农民创业意愿影响因素分析框架，并利用第一手调查数据对其进行了检验。结果发现，农民产生农业创业意愿的影响因素与非农创业意愿的影响因素有所不同，前者主要受到受教育年限、先前创业经历、家庭可使用土地数量、父母创业情况、亲友支持度以及亲友中任村干部的人数的影响。同时，农民所感知的外部环境中的政策、市场以及社会文化环境的宽松性程度也对其产生农业创业意愿具有一定的作用。而影响后者的因素则主要是参加培训情况、涉农工作时间占比、先前创业经历、年家庭总收入、任公务员亲友数、父母创业情况、亲友支持度以及农民所感知的融资和社会文化环境的宽松性程度。

5 研究二：农业创业机会识别机制分析

农民确认自身具有创业意愿，在一定程度上意味着其已成为潜在的创业者，但这距离最终实现创业仍然还有很长的路要走，摆在他们面前的第一个挑战便是创业机会的识别。根据创业过程理论，从周遭纷繁复杂多变的环境中识别出创业机会表明了创业过程的正式启动，亦可视为潜在创业者转变为创业者的标志。由此可见，创业机会识别问题在创业研究领域具有十分重要的地位。然而目前国内学术界在研究农民创业问题时却很少关注机会识别问题，该方向上的学术探索才刚刚起步，亟须投入大量的研究努力。本章将尝试构建一个涵盖多个主流观察视角的农民创业机会识别的分析框架，并基于这一框架讨论潜在农民创业者识别农业创业机会的机制。

5.1 引 言

自从 Shane 和 Venkataraman(2000)提出以机会为核心要素的创业研究概念框架以来，关于创业机会的学术文献大量涌现并形成了一批热点研究主题。创业领域开始改变之前将创业机会视为理所应当的概念的认识，转而对其进行更为深入的探讨。一方面，创业学者们试图更精确地定义创业机会，并解答其从何而来的疑问。Ardichvili，Cardozo 和 Ray(2003)认为创业机会事实上意味着创业者探寻到的潜在价值诉求；Shane 和 Venkataraman(2000)则指出创业机会实际上是一种新产品、新服务、新材料，甚至是新的组织形式，它能够被引入生产并以高于成本的方式实现销售。而有关机会来源的讨论则在经历了“机会主观本体论”与“机会客观本体论”争执不下的局面后，逐渐表现出在兼顾内外部环境的前提下向后者的回归，信息不对称导致的市场低效、技术革新、政治变革以及社会人口变化等都被认为是创业机会的重要源泉（Shane & Venkataraman，2000；Eckhardt & Shane，2003）。

另一方面，谁能以及如何识别创业机会成为了学者们研究的重点。以往的许多文献都对创业机会识别进行了界定，譬如，Bygrave 和 Hofer（1991）把创业机会识别看作是知觉到一个机会并创建组织来追寻机会的过程；Churchill 和 Muzyka（1994）认为创业机会识别就是对一个机会进行开发，并将其转化成有效的产品或服务的过程；Cardozo（2001）将创业机会识别定义为在某个时点上，在继续寻求某个特定机会，还是放弃这个机会之间所做的决策；而 Baron（2004）则强调创业机会识别是面对多样化的信息和事件，人们对商机是否存在的一种模式知觉。不难发现，学术界对创业机会识别的界定可以分为两类：一类将其视为一个包含了机会发现、机会评价和机会开发等内容的广义过程，Bygrave 和 Hofer（1991），Churchill 和 Muzyka（1994）的观点即属于这种类型；另一类相对狭义的界定则仅仅包括对创业机会的发现，Baron（2004）给出的定义正是如此。本章将基于狭义的创业机会识别内涵展开分析与讨论。

近年来，国内有关创业机会识别主题的理论分析与经验研究的成果日益丰富，这为起步较晚的围绕农民群体的创业机会识别的研究工作提供了许多可供借鉴的分析思路与方法工具。从目前来看，农民创业机会识别方向上的文献仍然以运用已有的成熟理论框架来分析和验证农民群体的机会识别行为为主，尚未对其机会识别行为的特殊性进行充分的探索。正如王西玉等（2003）、韩俊等（2008）及其他学者在研究中所指出的，现实中观察到的农民创业多集中于非农产业，立足于农业领域开展创业活动的比例较低。面对这一现象，不禁让人想要了解：为什么有些农民选择了农业创业而其他人则没有？本书第 4 章讨论了导致这一现象的其中一个原因，即不是所有农民都具有在涉农领域创业的意愿。另一个可能的解释则是农业创业机会的识别在潜在的农民创业者内的分布是非均质的，也就是说，并非所有想要创业的农民都如我们想当然认为的那样“天然地”知觉到农业领域内的创业机会。那么，随之而来的问题便是：为什么有些农民识别到了农业创业机会而另一些农民却没有？特别需要指出的是，实际观察到的那些已经在涉农领域内实现创业的农民不等于所有识别出农业创业机会的农民总体，后者还应包括那些具有创业意愿且已识别出农业创业机会，但尚未最终实现创业的个体。相较于考察全体农民的农业创业机会识别情况，本书对具有创业意愿的农民能否识别出农业创业机会的问题更感兴趣。由此，本章将尝试在一个涵盖多要素层面的分析框架下探索潜在农民创业者对农业创业机会的识别机制，以期能在一定程度上回答上述问题。

本章后续部分的内容安排如下：第二部分对创业机会识别研究主题下的重要文献进行回顾与梳理；第三部分在相关文献综述的基础之上给出研究农民创业机会识别的实证框架，并据此选择所需的模型工具；第四部分对实证分析采用的变量进行说明，提出相应的研究假设，并报告描述性统计分析结果；第五部分报告模型回归的结果并进行讨论；最后是本章小结。

5.2 文献回顾

5.2.1 创业机会识别的分析范式

对创业机会识别的研究逻辑根据分析范式的不同而有所不同。在已有研究中，奥地利学派的创业警觉范式和以 Baron 为代表的认知图式范式得到了较为广泛的接受和认可。

以 Hayek(1945)、Kirzner(1973)、Kaish 和 Gilad(1991)为代表的奥地利学派在研究创业问题时长期基于一个共同的假设，即市场是由拥有不同信息的人组合而成的，信息的特殊性使得一部分人看到了他人所看不到的机会，而促使这一部分人发现那些特殊信息的原因则是他们自身具备的创业警觉。Kirzner(1973)认为创业警觉是一种高度的持续关注能力，在连接机会识别与其影响因素之间发挥着中介作用。可以说，创业警觉正是奥地利学派创业机会识别研究的精髓所在。之后，追随者们不断完善其概念和研究逻辑，并强化了其可操作性。Kaish 和 Gilad(1991)如此理解创业警觉的实质：“把自己置于信息流中，从而扩大遇见机会的概率，整个过程中不需要对某种特定机会展开搜索”。Ray 和 Cardozo(1996)则将创业警觉定义为人们对外部环境中事物变化信息的一种倾向性和敏感性。尽管基于该视角的实证分析往往受限于创业警觉的测量准确度，但多数研究结果反映，高警觉性的个体更易于发掘机会。

以 Baron 为代表的学者们则以认知图式范式来研究创业机会识别问题。他们倾向于把创业机会识别视为主观变量，认为感知到的创业机会并不必然代表着现实的利润。据此，Baron(2004)指出机会识别依赖于个体的认知图式，而这种认知图式来自于个体的过往生活体验，以概念、原型、样例等信息形式加以储存。它作为一种基本框架帮助个体将看似无关的各种变化和事件联系起来，并从创业角度赋予其内涵，从而形成了机会知觉。Matlin(2002)也指出，创业机会之所以能被识别，是因为各种机会都具有可识别或可观察的模式和特征。基于认知图式的理论，机会识别表现出如下的特点：第一，个体在识别机会之前已经具备了创业机会的原型；第二，原型的形成基于过往与创业有关的各种经历；第三，机会识别与否取决于现实情况与原型的相近程度，程度越高则越有可能诱发个体对机会的识别。

事实上，上面两种不同的机会识别分析范式，正是基于不同的“机会本体论”发展而来的。创业警觉范式认为机会客观存在于外部环境中，任何人都有可能发现它们，所以研究中关注的是个体发现机会的信息搜寻方式；而认知图式范式则认为机会是基于个体对外部环境变化的主观感知而建构起来的，因而主要研究的是个体识别机会的认知加工过程。

5.2.2 创业机会识别的影响因素

机会识别之于创业过程而言是驱动后续创业活动展开的关键环节，其重要性不言而喻。在学术界围绕机会识别而展开的大量研究中，有相当数量的文献关注了创业机会识别的影响因素及其作用机制，下面将从创业者、社会网络和外部环境三个层面对其进行梳理。

(1) 创业者

显然，创业者作为创业机会识别的主体，必然会对这一行为产生影响。与研究个体要素层面对创业意愿的影响机制相类似，已有文献也大都从人口学特征、人格心理特质以及人力资本等角度来分析创业者自身对机会识别的作用。其中，人口学特征主要包括创业者的性别、年龄、民族、婚姻等背景信息，而在众多的人格心理特质中，学者们则重点关注了创业者的创新性特质。

Winslow 和 Solomon(1993)认为创新性与创业之间存在着很大的关联性。Hills,Lumpkin 和 Singh(1997)的研究肯定了创新性在创业机会识别中所发挥的重要影响,并进一步指出相比已经拥有一定网络关系的潜在创业者而言,创新性对社会网络欠缺的潜在创业者所起的作用更大。Ardichvili 和 Cardozo(2000)的相关研究也得出了同样的结论。

特别的,虽然学者们同样关心创业者的受教育程度对机会识别的影响,但关于创业者的人力资本状况,学者们显然对其中的先前经验更加感兴趣。Shane(2000)认为创业者之所以可以发现机会,是因为其拥有的先前经验造就了创业者的"知识走廊",从而引发了对新信息的价值认识。Shane 和 Venkataraman(2000)认为个人的先前经验对其信息处理能力和识别创业机会都具有重要意义。此外,就先前经验的类型而言,Shane(2000)认为可以划分为三种,分别是关于市场的先前经验、关于服务市场方式的先前经验,以及关于顾客问题的先前经验。Sigrist(1999)则将先前经验分为特殊兴趣和产业知识两类,前者是指个体掌握的关于自己兴趣领域的知识,后者则主要指从事某项工作而累积的知识。Ardichvili 等(2003)在研究中沿用了 Sigrist 的分类方法,且进一步证明先前经验会通过影响创业警觉进而作用于创业机会识别行为。近期,一些学者的研究成果还表明先前经验丰富的个人会发现更多的创业机会(Ucbasaran,Westhead & Wright,2009),且先前经验还对所识别创业机会的创新性存在显著影响(张玉利等,2008)。

另一个属于个体层面的影响创业机会识别的重要因素则是创业警觉。自从 Kirzner(1973)首次提出个体的创业警觉对机会识别的影响以来,越来越多的学者采纳了这一分析视角,并积极开展相关的实证研究工作(Kaish & Gilad,1991;Gaglio & Taub,1992;Ray & Cardozo,1996;Gaglio & Katz,2001)。可以说,创业警觉的概念基本上已经被学者们所接受,但其研究难点在于如何准确地测量它。Kaish 和 Gilad(1991)是较早开发创业警觉量表的学者,他们从阅读警觉性和开放思维警觉性这两个维度进行测量。尽管后续的一些研究对该量表进行了补充和调整(Hills et al.,1997;Ko & Butler,2003),但仍需要进一步深入和厘清。

(2) 社会网络

创业者的社会网络是影响其识别创业机会的极为重要的因素(Singh,

2000)。创业者与网络成员的交往能够拓宽个人的信息渠道，扩大接触到的信息数量，尤其是那些具有高度私密性和专门化的信息、知识和诀窍，从而更有可能识别出创业机会。借助于社会网络理论，创业学者们主要从创业者个人中心社会网的规模、密度、结构、内嵌资源等特征出发，研究网络对机会识别的影响机制。Hills 等(1997)的研究发现，50%的创业者通过其社会网络中的其他人识别创业机会，且利用社会网络获悉创业机会的个人相较于孤立的创业者来说，发现机会的数量更多。他们同时还表示，社会网络的规模大小、弱连带以及结构洞对创业机会识别十分重要。Julien 和 Vaghely(2001)也指出，作为沟通结果或偶然因素影响的机会识别更依赖于网络中的弱连带。张玉利等(2008)通过对国内新企业进行调查后发现，创业者个人中心社会网的规模和内嵌资源与所识别创业机会的创新性具有显著的正向关系，而网络密度与机会创新性的关系则在统计上不显著。

(3) 外部环境

创业机会识别除了受到创业者和社会网络相关因素的影响之外，还受到外部环境因素的作用。当环境发生改变时，机会将大量产生(Kirzner，1973；Timmons，1999)。Dean 和 Meyer(1996)的研究表明，环境变化幅度越大，产生的创业机会越多，随后建立起来的新企业也越多。Stevenson 和 Gumpert(1985)给出了四个影响创业机会识别的环境要素，即技术、市场、社会价值和政策法规。而对环境特性的分析则为环境与机会识别间关系的研究带来了更加深入的视角。学术界较为公认的环境特性划分标准是由 Dess 和 Beard(1984)提出的，他们指出，环境具有三个根本性维度，即宽松性、复杂性和动态性。赵观兵等(2010)研究了创业者心理特质对机会识别的影响，发现环境宽松性在两者之间起到了调节作用。而黄金睿(2010)则建立了一个涵盖环境特性、社会网络和创业机会识别的研究框架，分析了不同环境特性对网络规模和强度的作用方式。

5.2.3 国内农民创业机会识别的研究进展

随着我国农民创业研究日益规范和系统，有关农民创业机会识别的学术文献也开始出现并逐渐增多。虽然从数量上而言仍然比较匮乏，但得益于学习借鉴该主题下国内外取得的丰硕成果，农民创业机会识别研究还是取得了一定的进展。

黄洁等(2010)运用扎根理论方法,构建了“强弱连带在返乡农民工创业机会识别中的相对影响力”理论模型,其研究结果表明,强连带对返乡农民工识别创业机会具有更大的影响。郭红东和周惠珺(2013)的研究验证了先前创业经验和先前培训经验对农民识别创业机会具有正向作用,同时也证明了先前经验除了直接影响机会识别外,还会通过影响创业警觉性对农民创业机会识别产生作用。与上述成果中以农民能否识别创业机会为研究内容不同,黄洁、买忆媛(2011)及郭红东、周惠珺(2013)关注了农民创业者的初始社会资本对创业机会识别类型的影响机制,指出社会网络中强连带数量越多,农民就越有可能通过“机会认出”识别机会;而当网络中弱连带数量较多时,农民则更倾向于通过“机会创造”识别创业机会。另外,郭红东、丁高洁(2012)还研究了先前经验和社会资本对农民识别创业机会数量多寡的影响,发现农民的网络规模、网络资源、组织参与、务工经历、创业经历以及培训经历等要素是影响农民创业机会识别数量的重要因素。

总的来说,当前农民创业机会识别研究还处于运用已有的分析框架对农民群体的机会识别行为做出解释的起步阶段。这意味着该领域内仍然有大量的研究空白有待填补,特别是农民创业机会识别行为背后的特殊机制还有待进一步解读。

5.3 实证框架与模型选择

5.3.1 实证框架

国内外许多学者提出了关于创业机会识别的研究框架(Shane,2000;Ardichvili et al.,2003;林嵩等,2005;陈海涛等,2007;郑炳章等,2009)。其中,Ardichvili 等(2003)的创业机会识别基本模型具有较为广泛的影响。

如图 5.1 所示,Ardichvili 等(2003)在模型中纳入了个体特征、社会网络、先前经验、创业警觉等影响因素,以及机会发现、机会开发、机会评估等过程环节。该模型特别强调了创业警觉在机会识别过程中的作用,指出它是联系个体特征、社会网络、先前经验与创业机会识别的中介变量。同时,该模型认为个体特征中创新性与乐观水平越高,个体的社会网络水平也越高;个体关于兴趣和产业的相关知识越丰富，个体的网络水平也越高；而个体网络水平对创业警觉有正向作用。

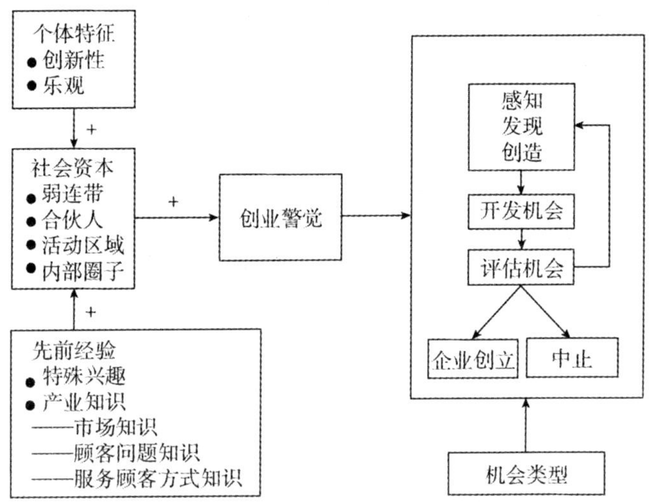

图 5.1 创业机会识别基本模型

资料来源：Ardichvili 等(2003)。

国内学者陈海涛等(2007)在对以往研究成果详细梳理的基础上，提出了机会识别影响因素作用机理模型，如图 5.2 所示。

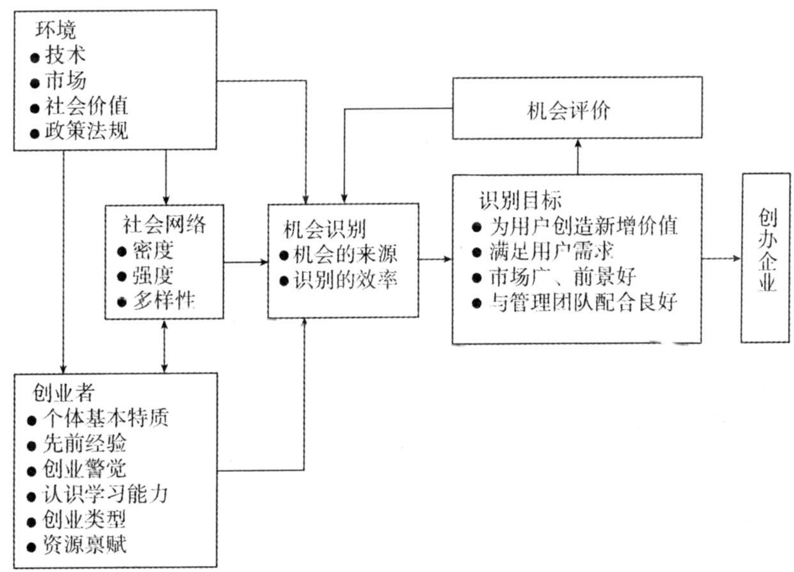

图 5.2 机会识别影响因素作用机理模型

资料来源：陈海涛等(2007)。

与 Ardichvili 等人的模型不同，该模型考虑了环境因素对创业机会识别的影响，同时将先前经验与创业警觉归入创业者相关因素中。根据这一模型，创业者基于识别目标对创业机会进行识别和评价，该过程会受到来自创业者个体、社会网络以及环境等有关因素的影响。与此同时，环境也会对创业者及其社会网络产生作用，而创业者个体特征与社会网络之间则表现出互动关系。

通过学习与借鉴上述创业机会识别模型，本书提出以下农民创业机会识别的实证框架，如图 5.3 所示。

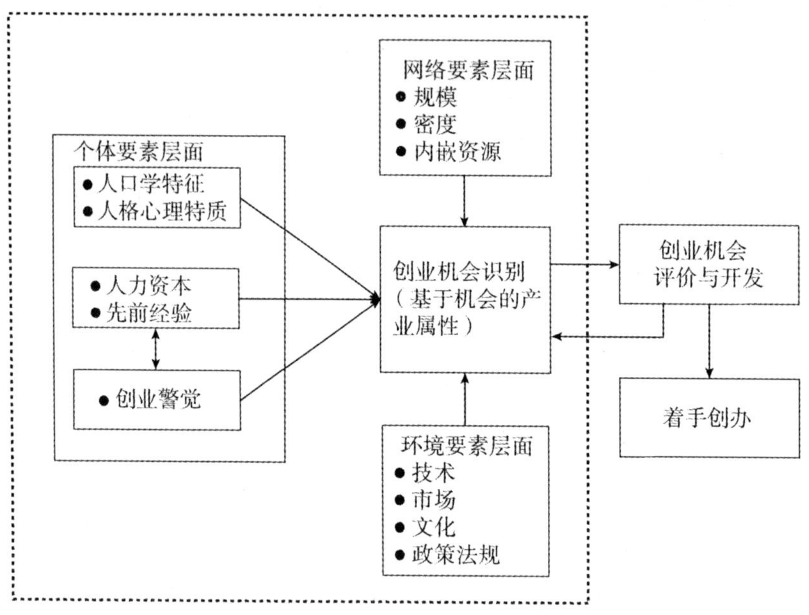

图 5.3　农民创业机会识别实证分析框架

围绕研究兴趣和目的，本章将根据这一实证框架，在考虑创业机会产业属性的前提下对农民机会识别的行为机制进行分析。与创业机会识别理论的主流观点相一致，农民创业机会识别行为会受到来自农民个体层面、社会网络层面和环境层面等许多因素的影响。之所以没有考虑资源层面的因素，是因为学术界普遍认同创业机会识别是由机会驱动而不是由资源驱动的看法。

农民个体层面的因素主要包括人口学特征、人格心理特质、人力资本和创业警觉。其中，人力资本中的先前经验与创业警觉之间存在相互作用。社会网络层面则主要考虑了农民个人社会网络的规模、密度、结构和嵌入网络中的资源情况等因素。而环境层面则重点考察技术、市场、文化和政策法规等要素。

5.3.2 模型选择

基于上述农民创业机会识别的实证框架，本章选取农业创业机会识别情况作为被解释变量，它的取值有两种可能，即“识别出农业创业机会”和“没有识别出农业创业机会”，其他可能对农业创业机会识别情况产生影响的一系列变量作为解释变量。在调查过程中，我们发现受访农民往往在确认自身具有创业意愿之后，才会着手从成千上万繁杂的创意中发现和选择有利的商业机会。这对研究数据产生的影响是，那些不具有创业意愿的受访农户样本没有关于创业机会识别的信息，即相关变量值缺失。为了处理这一情况，本章以样本选择 Probit 模型（Probit model with sample selection）作为分析工具，以期对可能存在的样本选择偏差进行修正。下面对该模型作简要介绍。[①]

样本选择 Probit 模型假设存在一个潜在方程：

$$Y_j^* = X_j\beta + u_{1j} \tag{5.1}$$

我们无法直接观测潜在方程(5.1)，但可以观测如下的二元 Probit 方程：

$$Y_j^{\text{Probit}} = (Y_j^* > 0) \tag{5.2}$$

然而，Y_j^{Probit} 并不总能被观察到，样本 j 的 Y_j^{Probit} 只有当如下 selection 方程成立时才能被观察到：

$$Y_j^{select} = (Z_j\gamma + u_{2j} > 0) \tag{5.3}$$

此处，$u_1 \sim N(0,1)$，$u_2 \sim N(0,1)$，$\text{corr}(u_1, u_2) = \rho$。样本选择 Probit 模型的似然对数如下：

$$\ln L = \sum_{\substack{j \in S \\ y_j \neq 0}} w_j \ln\{\Phi_2(x_j\beta + \text{offset}_j^\beta, z_j\gamma + \text{offset}_j^\gamma, \rho)\}$$

① 关于该模型工具的详细说明可参考：Van de Ven & Van Praag. The Demand for Deductibles in Private Health Insurance: A Probit Model with Sample Selection. *Journal of Econometrics*, 1981, 17(2): 229—252.

$$+\sum_{\substack{j\in S\\ y_j=0}} w_j \ln\{\Phi_2(-x_j\beta+\text{offset}_j^\beta, z_j\gamma+\text{offset}_j^\gamma, -\rho)\}$$

$$+\sum_{j\notin S} w_j \ln\{1-\Phi(z_j\gamma+\text{offset}_j^\gamma)\} \tag{5.4}$$

其中，S 是 Y_j 被观察到的样本集合，$\Phi_2(\cdot)$ 是累积二元标准正态分布函数，$\Phi(\cdot)$ 是累积标准正态分布函数，w_j 是样本 j 的权重。

模型通过极大似然法估计得到：$\operatorname{atanh}\rho=\frac{1}{2}\ln\left(\frac{1+\rho}{1-\rho}\right)$，若该值显著不等于 0，则认为确实存在样本选择性偏差；反之则不然。

5.4 变量选取与研究假设

5.4.1 个体要素层面

（1）人口学特征。本书选取性别、年龄和婚姻这三个变量来反映受访农民的人口学特征，作为控制变量纳入分析。

（2）人格心理特质。创业学者们日益关注的影响创业机会识别的人格心理特质是创新性或称为创造性。Stewart，Watson 和 Carland 等（1999）认为创新性是最重要的创业者特质；Winslow 和 Solomon（1993）指出创新性与创业行为之间具有很大的关联性；Hills 等（1997）则进一步发现在创业机会识别过程中，创新性对缺乏社会网络关系的个体作用更大。因此，本章选取创新性这一变量来反映受访农民的人格心理特质。该变量的测量需要通过量表进行，本文借鉴了 Scott 和 Bruce（1994）、Zhou 和 George（2001）以及郭晓丹（2010）的有关量表后，设计了包含 7 个题项的量表对受访农民的创新性进行测量。该量表的克朗巴哈 α 系数值为 0.876，因而可以认为其具有良好的内在信度。进一步对量表中的 7 个题项变量进行探索性因子分析后，提取出 1 个公因子即创新性，并根据因子得分系数计算出每位受访农民的创新性特质得分。[①]

① 关于创新性特质的探索性因子分析的检验情况为：巴特利特球形检验统计值所对应的 P 值小于 0.01，且相应的 KMO 值为 0.871；公因子提取方法为主成分法，特征根值为 4.028，累积方差解释率为 57.54%。

（3）人力资本。本章借鉴 Firkin（2001）对人力资本的划分方式，考察受访农民的一般人力资本和特殊人力资本即先前经验的情况。学术界对先前经验与机会识别之间关系的研究起源很早，大量文献都肯定了先前经验对机会识别的促进作用（Sigrist，1999；Shane，2000；Shane & Venkataraman，2000；Ardichvili et al.，2003）。概括来说，先前经验一般包括行业经验（Delmar & Shane，2006）、创业经验（Ucbasaran et al.，2009）、管理经验（Stuart & Abetti，1990）、与技术、营销或财务有关的职能经验等。由此，本章对受访农民一般人力资本的测度使用受教育年限和培训经历这两个变量；而对先前经验的测度则包括在农业产业累积工作时间占工作总时间的比例、创业经历、营销工作经历、技术工作经济以及财务工作经历。

（4）创业警觉。本章在借鉴郭晓丹（2010）开发的创业警觉量表的基础上，设置了 3 个题项对受访农民的创业警觉性进行测量。该量表的克朗巴哈 α 系数值为 0.910，量表具有良好的内在信度。对量表进行探索性因子分析后提取出 1 个公因子即创业警觉，并根据因子得分系数计算出每位受访农民的创业警觉性得分。①

为了对实证框架中提出的先前经验与创业警觉两者间关系进行验证，本章在模型中纳入了先前经验与创业警觉的交互项。另外，考虑到本章研究对象的总体是具有创业意愿的农民，所以在个人要素层面变量中还增加了具有农业创业意愿这一变量。

综上所述，本章针对个体要素层面变量对农业创业机会识别的影响做出以下主要假设：（1）先前经验对农民识别农业创业机会在总体上具有正向作用，其中，涉农工作时间占比越大，农民识别出农业创业机会的概率越大；拥有创业经历会提高农民识别出农业创业机会的概率；而拥有营销、技术或财务工作经历对农业创业机会识别概率的影响则有待检验。（2）创业警觉对农民识别农业创业机会有正向作用。（3）先前经验与创业警觉各自对农民识别农业创业机会的影响程度依赖于对方的状况。（4）具有农业创业意愿会提高

---

① 关于创业警觉的探索性因子分析的检验情况为：巴特利特球形检验统计值所对应的 P 值小于 0.01，且相应的 KMO 值为 0.752；公因子提取方法为主成分法，特征根值为 2.541，累积方差解释率为 84.71%。

农民识别出农业创业机会的概率。

5.4.2 网络要素层面

受到社会网络经典理论的启发，许多学者通过考察个体网络的规模、密度以及内部嵌入的资源来分析社会网络对创业机会识别行为的影响。Cohen 和 Levinthal(1990)在研究中指出，个体的社会网络规模越大，就越有可能利用各种弱连带获取多样性的信息进而识别出创业机会；而 Hills, Shrader 和 Lumpkin(1999)则发现拥有更大规模社会网络的个体能够发现更多的创业机会。Burt(1992)认为个体所嵌入的社会网络的密度决定了所获取信息的价值，比起重复性关系较多的高密度网络，低密度网络传递的信息更加新颖，一旦个体在其中占据“桥梁”位置，就更加有利于其获取高价值的信息和资源。但也有学者持相反意见，认为网络密度越高，越有助于个体及时获取信息，且更容易传递一些私密性较强的信息(Coleman, 1990)。此外，个体的社会交往对象在社会中的地位越高，就越有可能为其带来他人难以触及的稀缺性信息(Lin, 2001)。值得一提的是，有学者提出，比起测量个体的整个社会网络，了解其网络中参与创业活动的成员情况更有意义(Hansen, 1995、2000; Greve & Salaff, 2003)。

因此，本章选取受访农民讨论网的规模和密度以及亲友中从事特定职业(村干部和公务员)的成员数量等变量来反映农民的网络水平。讨论网是个体整个社会网络中的一个子集，它由所有与个体讨论交流创业相关的成员组成。本章对网络要素层面变量对农业创业机会识别的影响做出以下研究假设：(1) 农民讨论网的规模越大，其识别出农业创业机会的概率越高；(2) 农民亲友中任村干部、公务员的人数越多，其识别出农业创业机会的概率越高；(3) 农民讨论网的密度对其识别农业创业机会的影响机制有待检验。

5.4.3 环境要素层面

Stevenson 和 Gumpert(1985)给出了四个影响创业机会识别的环境要素，即技术、市场、社会价值和政策法规。郭晓丹(2010)在研究中分析了不同环境特性对不同类型创业机会识别的影响，结果显示，环境动态性不论是对编码型机会抑或是默会型机会的识别都具有正向的促进作用，而环境宽松性对机会识别的作用则不显著。考虑到样本数据中有关变量数据的可获得性，本章选取受访农民所感知的技术、市场、文化和政策等环境要素的宽松性来反映其所处的外部环境状况。环境宽松性对农民识别农业创业机会的作用有待检验。

本章依然使用中国农民创业调查中的非创业者样本数据进行实证分析以验证上述研究假设，表5.1给出了研究中涉及变量的定义、平均值和标准差。与本书第4章的变量选取与处理相类似，年龄和受教育年限的平方项也被纳入模型中。并且，将反映受访农民先前经验的五个变量分别与创业警觉相乘产生交互项纳入模型，其中创业警觉与先前的创业经历、营销工作经历、技术工作经历以及财务工作经历的交互项是由连续变量和虚拟变量构造而成，而创业警觉与涉农工作时间占比的交互项则涉及两个连续变量。此时，在模型中增加该交互项会在一定程度上导致多重共线性问题。为此，本章采用“对中”的处理方法，生成创业警觉 *I* 和涉农工作时间占比 *I* 这两个新变量替代原变量生成交互项并参与模型回归。除此之外，本文在测量受访农民讨论网密度时采用了张玉利等(2008)在其研究中所用的方法，即用个体网络中强连带的比例来测量。该方法被认为是在中国社会环境下测量网络密度的有效途径(Ruan,1998)。

表5.1 农民创业机会识别机制分析涉及变量的定义及初步统计结果

变量名称	变量定义	平均值	标准差
被解释变量			
农业创业机会识别	识别出农业创业机会＝1；未识别出农业创业机会＝0	0.369	0.483
解释变量			
农业创业意愿	具有农业创业意愿＝1；没有农业创业意愿＝0	0.343	0.476
性别	男性＝1；女性＝0	0.708	0.456
婚姻	已婚＝1；未婚＝0	0.547	0.499
创新性*	受访农民的创新性特质水平	0.164	0.913
年龄 *I*	受访农民的实际年龄(岁)	(2.275)	10.907

续　表

变量名称	变量定义	平均值	标准差
年龄 I 的平方	受访农民实际年龄的平方项	123.634	100.497
受教育年限 I	受访农民接受正规教育的年数(年)	0.442	3.441
受教育年限 I 的平方	受访农民接受正规教育年数的平方项	11.986	15.654
参加培训情况	参加过＝1；未参加过＝0	0.504	0.501
涉农工作时间占比 I	受访农民累计从事涉农产业工作时间占工作总时间的比例×100	(5.641)	36.404
先前创业经历	曾经创业＝1；从未创业＝0	0.216	0.412
营销工作经历	曾从事营销工作＝1；未从事营销工作＝0	0.373	0.485
技术工作经历	曾从事技术工作＝1；未从事技术工作＝0	0.479	0.501
财务工作经历	曾从事财务工作＝1；未从事财务工作＝0	0.186	0.390
创业警觉 I^*	受访农民的创业警觉性水平	0.526	0.830
创业警觉 I ×先前创业经历	创业警觉与先前创业经历交互项	0.174	0.471
创业警觉 I ×营销工作经历	创业警觉与营销工作经历交互项	0.274	0.627
创业警觉 I ×技术工作经历	创业警觉与技术工作经历交互项	0.290	0.705
创业警觉 I ×财务工作经历	创业警觉与财务工作经历交互项	0.132	0.415
创业警觉 I ×涉农工作时间占比 I	创业警觉与涉农工作时间占比交互项	(2.570)	34.427
讨论网规模	受访农民的创业讨论网规模，即讨论网中的成员数(人)	12.771	10.291
讨论网密度	受访农民的创业讨论网密度，即讨论网中强连带/讨论网规模×100	46.223	21.731
任村干部亲友数	受访农民亲友中担任村干部的人数(人)	1.403	1.351
任公务员亲友数	受访农民亲友中担任公务员的人数(人)	2.378	2.278
文化环境*	受访农民感知到的社会文化环境宽松性程度	0.358	1.034
市场环境*	受访农民感知到的市场环境宽松性程度	0.323	0.939

续 表

变量名称	变量定义	平均值	标准差
技术环境*	受访农民感知到的技术环境宽松性程度	0.214	1.080
政策环境*	受访农民感知到的政策环境宽松性程度	0.309	0.963
地区虚拟变量			
东部	东部地区＝1；其他＝0	0.585	0.494

注：表中带“*”号的变量是采用相应量表进行测量的，所计算的平均值和标准差为该量表经由因子分析而产生的标准化公共因子得分的平均值和标准差，因此平均值近似于0；表中年龄 *I*、受教育年限 *I*、涉农工作时间占比 *I* 以及创业警觉 *I* 等变量是由原变量经过“对中”处理后得到的，所以它们的平均值为0.000。表中带有“()”数值表示该数值为负数。

5.5 描述性分析

5.5.1 农民创业机会识别的基本情况

农民对创业机会主动进行识别、开发和评价往往是在其确认自身具有创业意愿之后。在非创业者数据的398个样本中，具有创业意愿的受访农民有236位。调查中，受访农民首先被询问能否识别出创业机会，如果回答是肯定的，则进一步被要求详细说明所识别到的创业机会。若受访农民曾经识别出多个创业机会，则选取最靠近调查时点的机会进行说明。这样做的合理性在于：使调查时所获得的农户有关信息尽可能接近创业机会识别行为发生的时段，但这样处理也会导致一些信息的损失，即对于那些截至调查时既识别出农业创业机会又识别出非农创业机会的农民而言，会根据其最近所识别机会的产业属性加以归类。

据统计，在236位潜在农民创业者中，共有167位农民能识别出创业机会。其中，有87位农民近期内识别出了与农业相关的创业机会，占到潜在农民创业者全体的36.86％；有80位农民识别出了非农创业机会，占到潜在农民创业者全体的33.90％；而未识别出任何创业机会的农民有69位，占到潜在农民创业者全体的29.24％。受访农民所识别到的农业创业机会主要包括农产品的种养殖、加工、运输、销售以及开办农家乐等。

调查还进一步了解了农民识别创业机会的主要方式。一般来说，创业学者们认为机会的识别有两种主要方式：系统搜寻（systematic search）和意外发现（serendipitous discovery）（杨静、王重鸣，2012）。前者是指个体通过有意识地系统搜索来发现创业机会；后者则是指个体凭借自己积累的先前经验和具备的创业警觉来“意外地”发现创业机会。表5.2显示了农民识别不同产业属性创业机会的方式情况，可以看到识别出农业创业机会的农民中有64.37%是凭借自身的先前经验和创业警觉发现了该机会；在识别出非农创业机会的农民中这一比例要略低一些，为60.00%。但得到的Spearman相关系数值仅为0.045，这表示农民在识别不同产业属性的创业机会时所采用的方式没有明显的差异。从总体上看，农民更倾向于通过“意外发现”来识别创业机会。

表5.2　不同产业属性创业机会的识别方式

创业机会的产业属性	机会识别方式		总　计
	系统搜索	意外发现	
非农产业	32	48	80
占　比	40.00%	60.00%	100%
涉农产业	31	56	87
占　比	35.63%	64.37%	100%
总　计	63	104	167
占　比	37.72%	62.28%	100%

注：N=167，Spearman's rho=0.045。

另外，调查还询问了农民关于其所识别机会的创新形式的判断。参考Shane和Venkataraman（2000）对创业机会的定义，本章把创业机会的创新形式划分为：创造新产品或服务、发现新地理市场、利用新材料、采用新生产方式以及采用新组织方式等。一项创业机会可以同时具有多种形式的创新。根据表5.3可以发现，在受访农民所识别出的农业创业机会中，有48.28%的机会来自于新地理市场的发现，而来自于采用新生产方式和新组织形式的农业创业机会则分别占了29.89%和27.59%。对非农产业的创业机会而言，同样是来自于新地理市场的发现的机会占了大多数，达到47.50%，但在这之后则是通过创造新产品或服务而产生的创业机会，占了 31.25%。另外，不论是农业创业机会或是非农创业机会，通过引入新材料实现创新的比例都比较低。进一步的，各种创新形式中，采用新生产方式与不同产业的创业机会之间存在显著的相关性。

表 5.3 不同产业属性创业机会的创新形式

创业机会的产业属性	创新形式				
	创造新产品或服务	发现新地理市场	利用新材料	采用新生产方式	采用新组织方式
非农产业	25	38	9	11	18
占比（N=80）	31.25%	47.50%	11.25%	13.75%	22.50%
涉农产业	18	42	10	26	24
占比（N=87）	20.69%	48.28%	11.49%	29.89%	27.59%
总计	43	80	19	37	42
占比（N=167）	25.75%	47.90%	11.38%	22.16%	25.15%
Spearman's rho	−0.121	0.008	0.004	0.194**	0.059

注：** 表示在 5%的水平上显著。

5.5.2 机会识别影响因素的基本情况

（1）农民个体基本特征

在 236 位具有创业意愿的受访农民中，男性有 167 位，占了总体的 70.76%，其中有 126 位识别出了创业机会，占全体男性农民的 75.45%。而在女性农民中，这一比例为 59.42%，即有 41 位女性农民识别出了创业机会。经过计算两者的 Spearman 相关系数发现性别与是否识别出创业机会之间存在显著的相关性，也就是说相较于女性农民而言，男性农民中识别出创业机会的个体比例更高。但性别与是否识别出农业创业机会之间则不存在相关性。在 167 位识别出创业机会的受访农民中，已婚的农民占了 62.28%。而在识别出农业创业机会的农民中，这一比例为 73.56%。

表 5.4 分别给出了不同受访农民群体的年龄、受教育年限以及创新性特质的平均值和标准差。不难发现，识别出创业机会的农民平均年龄要大于未

识别出创业机会的,而受教育年限却恰好相反。此外,不论是识别出农业创业机会的农民群体,抑或是发现非农创业机会的农民群体,在创新性特质方面的平均值都大于0;但未识别出创业机会的农民群体的创新性特质的平均值则要小于0,为−0.183。

表 5.4　不同受访农民群体的年龄、受教育年限和创新性特质

农民群体	年龄(年)		受教育年限(年)		创新性特质	
	平均值	标准差	平均值	标准差	平均值	标准差
识别出农业创业机会(N=87)	35.448	11.051	10.540	2.905	0.288	0.827
识别出非农创业机会(N=80)	31.725	10.976	11.688	3.627	0.329	0.980
未识别出创业机会(N=69)	28.725	9.522	12.841	3.458	−0.183	0.852

(2) 先前经验与创业警觉

对样本数据进行统计后发现,识别出农业创业机会的受访农民,从事涉农工作时间占工作总时间的比例平均为46.77%,而未识别出农业创业机会的受访农民的这一比例平均为24.35%。经检验,涉农工作时间占比和农业创业机会识别情况之间存在显著的正向相关性,也就是说,识别出农业创业机会的农民从事涉农工作的时间在其全部工作时间中所占的比例明显高于未能识别出农业创业机会的农民。

同样的,本书对于不同受访农民群体的先前创业经历、营销工作经历、技术工作经历以及财务工作经历等先前经验的情况也进行了统计,结果如表5.5所示。

表 5.5　不同受访农民群体先前经验的基本情况

农民群体	创业经历	营销工作经历	技术工作经历	财务工作经历
识别出农业创业机会	34	45	48	22
(N=87)	39.08%	51.72%	55.17%	25.29%
未识别出农业创业机会	17	43	65	22
(N=149)	11.41%	28.86%	43.62%	14.77%
Spearman's rho	0.324***	0.228***	0.112*	0.130**

注:***、**、* 分别表示在1%、5%、10%的水平上显著。

根据得到的 Spearman 相关系数可知，农民的先前经验与农业创业机会识别之间存在显著的正向相关性。除此之外，不同农民群体之间在创业警觉水平上也表现出明显的差异：识别出农业创业机会的农民群体的平均创业警觉水平为 0.806，而未能识别出农业创业机会的农民群体的平均创业警觉水平则只有 0.362。

(3) 社会网络特征

从创业讨论网的规模来看，识别出农业创业机会的农民群体的讨论网平均规模为 13.74 人，而未识别出农业创业机会的农民群体的讨论网平均规模为 12.21 人；从创业讨论网的密度来看，两者的均值之间并未出现较大差异，前者的讨论网平均密度为 43.55，后者则为 47.80。此外，前者的任村干部的亲友数的平均水平为 1.54 人，任公务员的亲友数的平均水平为 2.48 人；而后者的这两项平均水平分别为 1.32 人和 2.31 人。

5.6 回归分析结果与讨论

5.6.1 模型估计结果

在进行回归分析之前，有几个问题需要进一步厘清。首先，本章所使用的数据是中国农民创业调查项目中的非创业者样本，该样本是以调查时处于非创业状态的农民为总体，从中随机抽样而得到的。具有创业意愿的农民仅是整个样本中的一部分，那么严格来讲，该部分样本并非通过对所有具有创业意愿的农民进行随机抽样而得到。显然，倘若直接将具有创业意愿的农民样本从非创业者样本中筛出进行回归分析，有可能会导致样本选择性偏差问题。从本质上讲，这是因为农民产生创业意愿的决策或者说选择有可能依赖于我们所要研究的农民识别农业创业机会的决定因素。为了处理这一问题，本章选择了样本选择 Probit 模型，前文已对该模型进行了介绍。模型中包含两个方程，一个是与研究兴趣有关的 Probit 方程，另一个则是与样本选择有关的 selection 方程。根据本书第 4 章中对农民创业意愿影响因素的分析与讨论，本章选取培训经历、涉农工作时间占比、家庭可使用土地数量、任公务员亲友数、父母创业情况、亲友支持度、社会文化环境宽松度、市场环境宽松度以及政策环境宽松度作为选择方程的解释变量,被解释变量则是农民创业意愿。

其次,由于模型中纳入了解释变量的交互项(平方项可视为解释变量与自身的交互项),为了减轻多重共线性问题对模型估计有效性的影响,本章中对用于构建交互项的自变量都进行了"对中"处理。处理后,模型中解释变量的方差膨胀因子(VIF)的最大值下降到 7.64,没有超过 10,可以认为模型不存在严重的多重共线性问题。① 最后,本章在对模型进行估计时采用了稳健方差法,以消除异方差问题对模型检验的影响。

表 5.6 给出了实证模型的估计结果,可以发现不能拒绝两个方程相互独立的原假设,换言之样本数据不存在明显的样本选择性偏差问题。另外,Probit 模型整体在 1%的显著性水平上通过了对数似然比检验。

表 5.6　农民农业创业机会识别实证模型的估计结果

	系 数	标准误差	z 值($P>z$)
农业创业机会识别(Probit equation)			
农业创业意愿	0.759	0.224	3.38*** (0.001)
性　别	0.083	0.238	0.35 (0.728)
婚　姻	0.473	0.415	1.14 (0.255)
创新性	−0.021	0.126	−0.16 (0.870)
年龄 I	−0.016	0.018	−0.89 (0.375)
年龄 I 的平方	0.0003	0.001	−0.28 (0.781)
受教育年限 I	−0.014	0.040	−0.35 (0.729)
受教育年限 I 的平方	−0.009	0.007	−1.32 (0.185)
参加培训情况	−0.056	0.251	−0.22 (0.825)
涉农工作时间占比 I	0.0004	0.005	−0.08 (0.936)
先前创业经历	1.264	0.380	3.33*** (0.001)
营销工作经历	0.459	0.272	1.69* (0.091)
技术工作经历	0.130	0.270	0.48 (0.630)

① 一般对多重共线性问题严重程度的判断有两条标准:(1) 最大的 VIF 大于 10;(2) 平均的 VIF 大于 1。这两个标准必须同时满足,才能判断模型存在严重的多重共线性问题。

续　表

	系　数	标准误差	z 值(P>z)
财务工作经历	0.076	0.369	0.21 (0.837)
创业警觉 I	0.777	0.231	3.36*** (0.001)
创业警觉 I×先前创业经历	−0.921	0.372	−2.48** (0.013)
创业警觉 I×营销工作经历	−0.119	0.271	−0.44 (0.660)
创业警觉 I×技术工作经历	−0.029	0.265	−0.11 (0.914)
创业警觉 I×财务工作经历	0.121	0.379	0.32 (0.749)
创业警觉 I×涉农工作时间占比 I	0.014	0.004	3.08*** (0.002)
讨论网规模	−0.015	0.012	−1.30 (0.195)
讨论网密度	−1.824	0.602	−3.03*** (0.002)
任村干部亲友数	−0.072	0.089	−0.82 (0.414)
任公务员亲友数	−0.028	0.071	−0.39 (0.696)
文化环境	−0.136	0.167	−0.81 (0.417)
市场环境	−0.161	0.145	−1.11 (0.267)
技术环境	0.013	0.115	0.12 (0.906)
政策环境	0.152	0.155	0.98 (0.327)
东部	−0.012	0.228	−0.05 (0.958)
常数项	−0.360	0.770	−0.47 (0.640)
似然对数值	−274.297		
Wald χ^2(29)	80.15***		
农民创业意愿(selection equation)			
培训经历	0.399	0.163	2.44** (0.015)
涉农工作时间占比	−0.007	0.002	−3.41*** (0.001)
家庭可使用土地量	0.032	0.010	3.10*** (0.002)
任公务员亲友数	0.146	0.039	3.74*** (0.000)
父母创业情况	0.925	0.244	3.80*** (0.000)
亲友支持度	0.285	0.091	3.14*** (0.002)
社会文化环境宽松度	0.417	0.104	4.00*** (0.000)

续 表

	系 数	标准误差	z 值($P>z$)
市场环境宽松度	0.356	0.105	3.38*** (0.001)
政策环境宽松度	0.373	0.090	4.17*** (0.000)
常数项	−0.116	0.159	−0.73 (0.466)
/athrho	0.081	0.827	0.10 (0.922)
rho	0.081	0.821	
Wald test of indep. eqns. (rho=0) $\chi^2(1)=0.01$ Prob=0.9217>χ^2			

注：***、** 分别表示在1%、5%的水平上显著。

5.6.2 估计结果讨论

从模型估计的结果来看，农业创业意愿、先前创业经历、营销工作经历、创业警觉以及讨论网密度是农民识别农业创业机会的重要影响因素。并且，先前创业经历、创业警觉以及涉农工作时间占比对农民识别农业创业机会的作用并不是独立的，而是会受到其他解释变量的影响。

(1) 具有农业创业意愿是影响农民识别出农业创业机会的重要因素

经过计算，农业创业意愿对农民识别出农业创业机会概率的平均边际效应为0.184。创业意愿作为一种个人自我确信，有意图去建立一项新事业，并且有意识地计划在未来某个时间点付诸实施的心理状态，被认为是对创业行为最好的预测指标(Krueger Jr., Reilly & Carsrud, 2000; Bird & Brush, 2002; Thompson, 2009)。在其他特征都相同的情况下，相比对农业创业没有兴趣的农民而言，想要在农业领域内开创新事业的农民对与该领域有关的信息变化会更加敏感。他们在自身意愿的驱动下，积极主动地关注当地农业产业的发展变化，捕捉可能蕴藏机遇的各种信息。实地调查中笔者也发现，具有农业创业意愿的农民总体上对国家或地方的惠农支农政策也更加了解。

(2) 先前经验，特别是先前创业经历对农民识别出农业创业机会发挥了重要作用

由模型估计结果可知，先前创业经历和营销工作经历都对农业创业机会识别有正向的促进作用。其中，先前创业经历对农民识别出农业创业机会概

率的平均边际效应为0.314，营销工作经历的平均边际效应则为0.095。先前经验作为一种特殊的人力资本，在创业活动中扮演着至关重要的角色(Shane，2000)。对于受教育程度整体偏低的农民群体而言，通过正规学校教育或者参与短期培训来积累发现创业机会所需知识的可能性不大。而有过创业经历的农民则能够凭借之前的相似经验快速作出决策，于竞争日益激烈的市场环境中发现转瞬即逝的宝贵机会。另外，营销工作经历作为一项特定的职能经验，对识别农业创业机会的影响也值得重视。正如Shane(2000)所指出的，具有市场、顾客以及如何服务市场方面知识的个体，能快速识别市场供求变化带来的机会空间。当前，我国广大农民在农业经营方面遇到的难题之一就是如何为自己的产品打开市场、拓宽销路。在面对信息不对称更为普遍的农产品市场，曾经从事过营销工作的农民相较于缺乏经验的农民来说，显然更熟悉市场环境，也更懂得如何发现和满足顾客的需求，因而也就更有可能识别出农业创业机会。

(3) 创业警觉对农民识别农业创业机会具有显著的影响，且影响程度依赖于农民的先前创业经历和涉农工作时间占比的情况

经过计算，创业警觉对农民识别出农业创业机会概率的平均边际效应为0.101。创业警觉反映了个体对外部环境变化信息的倾向性和敏感性(Ray & Cardozo，1996)，农民的创业警觉性越高，对于周遭所发生事件就越能及时准确解读，从而就越有可能在信息流中发现机会。特别需要指出的是，正如前文所假设的那样，创业警觉对农民识别农业创业机会的影响不是独立的，而是会受到先前经验的影响。从模型系数可以发现，创业经验与先前创业经验交互项的系数为负值，这意味着没有创业经历的农民中创业警觉对农业创业机会识别的影响要大于具有创业经历的农民中创业警觉对农业创业机会识别的影响，换言之，创业警觉对农民识别农业创业机会的影响在创业经历不同的农民群体中存在差异。这其实不难理解，对于那些没有创业经验的农民来说，没有之前积累的经验和知识可供参考，所以提高创业警觉能明显增加其发现农业创业机会的可能性，而对于那些有着丰富创业经验可以随时调用的农民，提高创业警觉所带来的增益就不明显，甚至还会起反作用。

而创业警觉和涉农工作时间占比的交互项系数为正值，说明了两者与识别农业创业机会存在互相促进的作用。从创业警觉的角度来看，涉农工作时

间占比较高的农民中，提高一个单位的创业警觉水平对农业创业机会识别的影响，要大于涉农工作时间占比较低的农民在创业警觉水平发生同样变化时对农业创业机会识别的影响。涉农工作时间占比越高，意味着相比非农产业，农民有着更为丰富的农业产业经验。在农民识别农业创业机会过程中，农业产业经验与创业警觉就像是强强联合般彼此强化了对方对农业创业机会识别的影响程度。

（4）农民创业讨论网的密度越高，其识别出农业创业机会的概率越低

讨论网密度对农民识别出农业创业机会概率的平均边际效应是－0.376，即在其他特征保持不变的条件下，农民识别出农业创业机会的概率会随着讨论网密度的增加而降低，如果两者比率保持不变的话，那么讨论网密度每增加1%，农民识别出农业创业机会的概率就会下降1.45%。通常，农民不是仅凭一己之力来识别创业机会的，他会和社会网络中的一些成员讨论交流相关信息，从而形成创业讨论网。当农民和讨论网中的大多数成员之间是强连带时，那么讨论网的密度就比较高；相反，如果讨论网中弱连带数量较多，则讨论网的密度就比较低。本书在研究中主要依据关系来源来判断强弱连带。[①] Granovetter(1973)认为强连带主要传递情感支持，而弱连带则可以带来新颖的信息。农民与之讨论创业相关事宜的人员中，弱连带数量越多，农民就越可能接触到较少的冗余信息。比起重复性高的内容，多样化的资讯显然更有助于农民识别出创业机会。需要强调的是，此处分析的是农民的讨论网密度而不是他的整个社会网络密度。

综上所述，模型估计结果证明了农业创业意愿、先前创业经历、营销工作经历、创业警觉以及讨论网密度对农民识别农业创业机会具有统计意义上的显著影响。本章所提出的有关先前经验的研究假设基本上得到了证实；而在有关社会网络的研究假设中，仅有讨论网密度对农业创业机会识别的影响机制得到了验证。此外，环境要素宽松性对农业创业机会识别存在影响也未能得到经验证据的支持。

---

① 罗家德(2005)指出，中国人的关系形态主要是先赋性的，或是在先赋性关系影响下发生然后通过交往而获得的。血缘身份及衍生的关系成为控制心理距离的主要依据。与西方的人际关系是独立个体间的关系不同，中国人的网络表现出一种“差序格局”。因此，中国人确定连带强度时，主要考虑的应是角色关系，譬如父母与子女不论联系是否频繁、话题是否亲密，都应被视为强连带。

5.7 本章小结

对于那些想要投身创业热潮的农民来说，识别出创业机会是最终实现创业的第一步。就像农民在确认自身创业意愿时带有产业倾向一样，农民识别不同产业领域创业机会的可能性也存在差异。从现实来看，农民开展农业创业活动无疑是推动我国农业现代化发展的重要力量，而识别出农业创业机会又是实现这一切的首要条件。自然地，分析潜在农民创业者对农业创业机会的识别机制就显得很有必要了。

本章首先对创业机会识别研究主题下的重要成果进行了整理和回顾，提出了一个涵盖多要素层面的实证框架，用以分析农业创业机会的识别机制，进而利用中国农民创业调查得到的非创业者样本数据，对有关研究假设进行了验证。结果表明，潜在农民创业者中，那些具有农业创业意愿、曾经有过创业经历或具有营销工作背景又或是有着较高的创业警觉性和较低密度的创业讨论网的农民，更有可能识别出农业创业机会。此外，尽管市场、技术、文化和政策等环境要素对农民识别出农业创业机会具有影响的观点未能得到回归结果的支持，但尚不能排除环境对农业创业机会识别的作用。这是因为本研究受限于有关资料的缺失而只考察了环境的宽松性特性，从理论上讲，外部环境的动态性和复杂性与农业创业机会识别行为的关系更为密切，而这还有待进一步的研究检验。

6 研究三：农业创业初始资源获取行为分析

在创业过程中，获取创业资源是起到承上启下作用的关键环节。如果把整个新创事业的萌现过程比作一场马拉松，产生创业意愿意味着选手们已经来到了起跑线上，识别创业机会相当于选手们听到了发令枪响，而开发创业资源则类似于奋力跑向终点的过程。在触线即最终实现创业之前，创业者需要识别、获取、整合和利用各种内外部资源，以谋求机会价值的充分实现，就像马拉松选手们一样，既要具备优秀的身体条件，又要汲取沿途补给，还要机动灵活地控制节奏与分配体能，才能最终抵达终点。在资源开发过程中，获取创业初始资源尤为重要。这不仅是因为初始资源获取是后续资源整合与利用的前提，同时也是新创事业生存和发展的基石。本章将对农民创业过程中的初始资源获取行为进行分析，在考察农民创业初始资源获取情况的基础上，进一步讨论农业创业初始资源获取的效率决定问题。

6.1 引 言

创业资源获取一直是资源视角下创业研究的热点。作为资源开发过程中的重要环节，创业资源获取是指新创事业在创立和成长阶段通过一定的手段获取所需资源的行为（葛宝山、董保宝，2009）。创业资源获取之所以如此重要，是由于任何个人或组织都不可能拥有成长发展所需的全部资源（Shane & Venkataraman，2000），尤其对那些尚未或是刚刚创立的组织来说，资源就更加稀缺。因此，新创事业要想成功，就必须从外部获取更多资源（Lichtenstein & Brush，2001）。许多学者研究了创业资源获取的途径（Barney，1991；Brush，Greene & Hart et al.，2001；叶学锋、魏江，2001；Sirmon & Hitt，2003；Sirmon，Hitt & Ireland，2007；张君立等，2008）。其中，一种直观而简便的划分方式便是将创业资源获取的途径分为外部获取和内部积累两种（刘预等，2008）。

当前，学术界对创业资源获取的研究兴趣主要集中在两个方面：一方面，主要分析创业者如何通过自身禀赋来获取组织创建时所需的初始资源；另一方面，重点研究组织在创建时所带入的初始资源如何影响创业绩效。两个研究方向在逻辑上前后衔接，缺一不可。然而，就农民创业研究领域而言，对于上述两方面的分析与挖掘都明显不足。从日益活跃的农民创业实践中不难观察到，不同的农民创业者在创业初始资源获取行为上存在差异。这种差异既表现为资源获取规模上的差别，也表现为资源获取途径上的不同，并进一步通过资源获取效率的变异显现出来。为了能更加深入地了解农民创业初始资源获取情况，本章将试图从产业、行业以及组织方式等角度比较分析农民创业初始资源获取的规模状况和途径选择，并在此基础上进一步探索农民农业创业初始资源获取效率的决定机制。

本章后续部分的内容安排如下：第二部分对创业资源获取研究主题下的重要成果进行回顾与梳理；第三部分从产业、组织形式和农业行业等角度对农民创业初始资源的获取规模和途径进行比较分析；第四部分在前文相关文献综述的基础上，提出农民创业初始资源获取效率的实证框架，并据此选取所需的变量；第五部分报告基于农业创业农民样本的模型回归结果并进行讨论；最后是本章小结。

6.2 文献回顾

6.2.1 创业资源获取的方式

资源获取途径说明的是资源从哪里来，而创业资源获取方式解释的是资源怎么来，即获取策略的问题。这方面的已有文献主要讨论了以下四种资源获取方式。

(1) 利用创业网络获取资源。创业网络是指新创事业成长过程中由创业者个人或组织构建或参与的网络(杨璇,2011),依据分类标准的不同,可以将其划分为正式网络和非正式网络(Birley,1985)、情感性网络和工具性网络(Roy,2006)、个人网络和组织网络(Brüderl & Preisendörfer,1998)等。创业网络在帮助创业者获取所需资源方面发挥着重要的作用,因而不论是在学术研究还是实践运用中都受到广泛重视。对于尚处于初创期的组织而言,创业者的个人网络和组织网络是等同的,并在随后的发展过程中不断融合,因此很难把两者区分开来。

(2) 发挥自助理念获取资源。亦有研究将这一方式翻译为“步步为营”或“白手起家”。概括地说,该方式是指创业者使用一系列方法,尽可能避免使用外部资源,尤其是财务资源。Alvarez 和 Busenitz(2001)认为这是创业者在面临预算约束时采取的一种相对经济的资源获取方式。

(3) 基于手段导向获取资源。最早提出手段导向这一概念的学者是Sarasvathy(2001、2003、2004)。她在其开创性的研究中指出,手段导向与目标导向不同,就资源获取行为而言,前者更像是“用碎布缝制一条被单”,而后者则更接近“完成一幅已有既定答案的拼图”。任何创业活动都需要面对高度的不确定性和不可预测性,强调开发偶然性而不是严守计划性的手段导向更适用于快速变化的创业环境。

(4) 进行创造性拼凑获取资源。这是另一个富有新意的研究方向。Baker 和 Nelson(2005)认为拼凑包含以下三个要素:将就、整合资源用于新目的以及利用手边的资源。对这一方式的讨论很好地解释了现实中许多创业者虽然面临严重的资源约束,在缺乏必要的人力、物力和财力的情况下仍然成功创立新事业并生存下来的现象。

6.2.2 创业资源获取的影响因素

由于创业资源获取行为贯穿于新事业创立与成长的整个过程,因此在不同阶段,资源获取行为的影响因素有所不同。关注资源获取如何影响新创事业绩效的研究工作,往往把创业初始资源视为一个外部给定的因素,并分析这一因素与其他因素,比如组织战略、创业导向等如何共同作用于资源获取和整合,进而作用于组织绩效。而关注创业初始资源获取的研究,则重点考察创业者如何运用自身拥有的资源禀赋来获取创立初期所需资源。对这一过程影响因素的讨论主要从创业者个体层面特征和社会网络层面特征两个方面着手。

(1) 创业者个体层面

尽管有学者指出，创业者性别或心理特质对其获取初始资源具有影响(Orser, Riding & Manley, 2006)，但学术界讨论最多的个体层面因素是创业者的先前经验。由于创业者在获取初始资源时新事业往往尚未正式建立，这给创业者吸引和争取外部资源带来了困难。这时，那些具有先前经验的创业者，可以降低资源提供者在评估新事业发展前景上面临的不确定性，从而提高创业者获得资源的可能(Burton, Sørensen & Beckman, 2002)。Hsu(2007)的研究也验证了具有创业经验的创业者具有更高的通过强连带获取风险投资的几率。

(2) 社会网络层面

借助社会网络是创业者获取外部资源的主要方式，因而社会网络对创业资源获取具有重要影响。在新事业创立阶段，由于组织尚未建立，此时创业者的社会网络成为了影响初始资源获取的关键因素。在以往研究中，学者们主要分析了创业者网络的规模、关系强度、密度、动态性、异质性等特征对资源获取的影响(杨俊，2008；张君立等，2008；罗志恒等，2009)。学者们普遍认为创业者的社会网络规模、强度和密度对其获取创业资源具有正向作用。

6.2.3　国内农民创业资源获取的相关研究

与创业机会识别主题一样，国内关于农民创业资源获取方面的研究成果尚不多见，仍然处于起始积累阶段。其中，董晓波(2007)、蒋剑勇等(2013)的文章比较具有借鉴意义。董晓波(2007)在研究中，依据网络密度对农民的社会网络进行了分类，并讨论了不同类型的社会网络对农民创业资源获取的影响；而蒋剑勇等(2013)不仅分析了农民创业者社会网络的规模和强度对其获取创业资源的影响，还进一步考察了农民创业者的网络活动和社会技能在其中所发挥的作用。实证分析结果显示，农民创业者的网络规模对其获取创业资源的效果具有正向作用，而关系强度对资源获取效率具有正向作用，同时农民创业者社会技能的提高有助于创业资源的获取。

6.3 农民创业初始资源获取的比较分析

在农民创业者获取创业所需的初始资源时,需要做出两项基本决策,即确定需要获取的资源规模和获取资源的主要途径。这两个方面构成了农民创业者初始资源获取行为的基础。考虑到现实中不同农民创业者的初始资源获取行为具有差异性,本章将首先基于不同产业、创业组织形式以及农业细分行业,对农民创业者初始资源获取的规模和途径进行比较分析。在展开具体分析之前,有必要对以下内容加以说明。

首先,确定农民在创立新事业时究竟需要哪些重要资源。学术界对创业资源类型的划分莫衷一是,不同学者往往出于不同的研究目的对创业资源进行分类。例如,Dollinger(1995)将创业资源划分为人力资源、财务资源、物质资源、技术资源、组织资源和声誉资源六种;而蔡莉、柳青(2007)则把声誉资源归入人力资源范畴中,并增加了市场资源这一类型。考虑到农民创业的特点,在影响新事业创立、生存和成长的诸多关键资源中,本章选择了资金、劳动力和技术作为分析比较的对象。它们对农民创业活动具有最直接也最核心的作用。

其次,基于上述资金、劳动力和技术资源本身的特点,在分析资源获取数量情况时仅包含资金和劳动力两项,在分析资源获取途径时则涉及全部三项资源。本章通过考察农民创业初始投入的资金和初始使用的劳动力(员工)数量来衡量这两项资源的获取规模;通过考察创业初始投入的资金和劳动力中由农民自己及其家庭直接提供的比例来反映这两项资源的获取途径选择,该比例高,说明农民主要从内部获取资源,反之则说明农民主要从外部获取资源;另外,通过考察农民创业初始投入的技术是来自于内部自有还是外部取得来确定技术资源的获取途径选择。也就是说,本章对农民创业初始资源获取途径的考察是通过测量初始投入资源的内部获取水平或称为自给水平来进行的。

最后,为了研究方便起见,本章将产业类别一分为二,划分为农业和非农业;将创业组织形式划分为个体户、合伙企业、个人独资企业和有限责任公司四种①；而在进一步了解农业创业初始资源获取情况时，将农业产业划分为种植业、养殖业和涉农加工服务业这三大行业。②

本章研究利用的是中国农民创业调查的创业者样本数据，关于该样本的基本情况已在本书第3章的调查说明部分进行了介绍，此处不再赘述。

6.3.1 基于不同产业

6.3.1.1 资源获取规模的产业比较

任何产业领域内的创业活动，都需要资金和劳动力的投入。在调查所得的437位农民创业者中，创业初始投入的资金数量平均为28.62万元，劳动力数量平均为7.61人。但进一步求得中位数后发现，初始投入资金和劳动力数量的样本中位数分别为8万元和4人。这表示初始投入资金和劳动力数量的样本中很可能存在特异值。出于对样本特异值和各组总体可能不全服从正态分布与方差齐性假定的顾虑，本章采用非参数秩和检验来考察不同产业的农民创业初始投入资金和劳动力数量的差异情况。具体使用的是非参数秩和检验中的Kruskal-wallis检验，该检验的原假设是不同总体的中位数相等。从表6.1中可以看出，在5%的显著性水平下，农民创业初始投入的资金和劳动力数量的中位数在不同产业之间没有显著性差异。

表6.1 产业间初始投入资金和劳动力规模的Kruskal-wallis检验结果

资源		样本数	总数	平均数	卡方检验
资金	农业	152	32273.00	212.32	$\chi^2=0.656$ $P=0.418$
	非农	285	63130.00	222.56	
劳动力	农业	152	30910.00	203.36	$\chi^2=3.662^*$ $P=0.056$
	非农	285	64793.00	227.34	

注：***、**、*分别表示在1%、5%、10%的水平上显著。

① 这四种组织形式的基本注册条件：个体工商户（个体户）具有个人经营，负有无限责任，一般定期定额缴税的特点；合伙企业需要两人按合伙协议出资组建，负有无限责任，按实际营收额缴税；个人独资企业由个人出资，负有无限责任，按实际营收额缴税；而有限责任公司要求有两个以上投资人，注册资本最低3万元，承担有限责任，并按实际营收额缴税。

② 本章利用中国农民创业调查中受访的农业创业者对其创业项目所属细分行业的选择对其进行归类。

6.3.1.2 资源获取途径的产业比较

一般而言，农民创业初始投入资金可以从以下几个渠道获得：(1) 个人及家庭自有资金；(2) 亲友借贷；(3) 正规金融机构融资；(4) 非正规金融融资；(5) 政府项目补贴。在 437 位农民创业者中，自有资金占初始投入资金的比例平均为 0.74，亲友借贷所获资金占初始投入资金的比例平均为 0.16，向正规金融机构贷款所获资金占初始投入资金的比例平均为 0.09，向非正规金融贷款所获资金占初始投入资金的比例平均为 0.01。样本中仅有 10 位农民在创业时得到了政府补贴。

除了资金之外，创业初始使用的劳动力和技术也可以从不同来源获得。就劳动力而言，农民既可以要求或吸引家庭中的其他劳动力与之一起奋斗(譬如配偶)，也可以通过雇佣外部劳动力获取所需的人力资源。从样本数据来看，配偶共同创业的情况非常普遍，占到总体的 68.88%；而农民投入的家庭劳动力占创业初始使用劳动力数量的比例平均为 0.58。另外，技术资源获取途径分为内部自有和外部取得，内部自有主要包括以下两种可能的情况：一种是农民自身具备的技术可以直接使用，另一种则是农民自主或合作开发新技术用于创业；外部取得也有多种形式，例如通过购买专利、聘请技术人员、向专家请教、采用政府推广的技术等。根据统计，样本中有 55.38% 的农民通过内部自有的途径获取初始技术。

可见，从总体上而言，农民创业初始投入的资金、劳动力和技术资源多从内部获取，即自给水平较高。进一步的，我们对不同产业的农民创业在获取上述资源时是否存在差异进行了检验。首先，对资金、劳动力和技术资源自给水平的不同产业总体进行了 Bartlett 检验，以判断其是否符合方差齐性的假定。结果不能拒绝原假设，即可以认为样本符合方差齐性的要求。因此，此处将采用单因素方差分析对不同产业农民创业初始资源获取的自给水平均值进行检验。表 6.2 是创业初始投入资金、劳动力和技术这三项资源自给水平的单因素方差检验结果。可以发现，农民农业创业和非农创业的资金和技术资源获取的自给水平均值没有显著性差异；但两者在劳动力资源获取的自给水平均值上存在显著性差异。从均值来看，农民农业创业的劳动力资源自给水平要高于非农创业。这表明，与非农创业的农民相比，农业创业的农民更多地从家庭内部获取劳动力资源。

表 6.2 产业间初始投入资金、技术和劳动力自给水平的单因素方差分析结果

资源		样本数	平均值	标准差	F 检验(P>F)
资金	农业	152	0.725	0.291	0.54(0.462)
	非农	285	0.747	0.312	
劳动力	农业	152	0.665	0.296	20.92***(0.000)
	非农	285	0.531	0.288	
技术	农业	152	0.513	0.501	1.55(0.213)
	非农	285	0.575	0.495	

注：*** 表示在1%的水平上显著。

6.3.2 基于不同组织形式

6.3.2.1 资源获取规模的组织形式比较

在437个农民创业者样本中，大多数农民创业时首先选择了个体户这一组织方式，占到总体的58.35%；其次是个人独资企业，占到总体的18.31%；之后是合伙企业和有限责任公司，分别占总体的17.39%和5.95%。引入产业维度后发现，农业创业的农民中选择个体户这一组织形式的比例为67.76%，而非农创业农民中的这一比例为53.33%，两者相差了近15个百分点；同时，非农创业农民选择个人独资企业这一组织形式的比例为21.40%，比农业创业农民高了8.9个百分点。

与前文分析类似，此处使用非参数秩和检验中的Kruskal-wallis检验来考察不同组织形式的农民创业在初始资源获取规模上是否存在差异。如表6.3和表6.4所示，不论是初始投入资金获取规模还是劳动力获取规模，在不同组织形式下的中位数不全相等，而进行两两检验比较后发现，在5%的显著性水平下，分别选择个人独资企业和有限责任公司作为创业组织形式的农民在初始投入资金和劳动力获取规模的中位数上均不存在差异；且分别选择合伙企业和个人独资企业作为创业组织形式的农民在初始投入劳动力获取规模的中位数上也不存在差异。

上述检验结果令人毫不意外。由于不同组织形式对最低注册资本和可雇佣劳动力上限都做出了明确的规定，因此农民在创业时大都会参照自己投

入的资源情况“对号入座”。

表 6.3 组织形式间初始投入资金规模的 Kruskal-wallis 检验结果

总体检验	Chi2=150.024***		P=0.000
两两检验	个体户	合伙企业	个人独资企业
合伙企业	86.96*** (0.000)		
个人独资企业	162.33*** (0.000)	75.37*** (0.000)	
有限责任公司	208.07*** (0.000)	121.10*** (0.000)	45.73* (0.054)

注：***、* 分别表示在 1%、10% 的水平上显著；两两检验时报告的是行项与列项的秩均差，“()”中则是对应的 P 值。

表 6.4 组织形式间初始投入劳动力规模的 Kruskal-wallis 检验结果

总体检验	Chi2=160.027***		P=0.000
两两检验	个体户	合伙企业	个人独资企业
合伙企业	127.74*** (0.000)		
个人独资企业	159.25*** (0.000)	31.35* (0.060)	
有限责任公司	190.27*** (0.000)	62.52** (0.015)	31.01(0.138)

注：***、**、* 分别表示在 1%、5%、10% 的水平上显著；两两检验时报告的是行项与列项的秩均差，“()”中则是对应的 P 值。

6.3.2.2 资源获取途径的组织形式比较

本章进一步使用单因素方差分析检验了农民创业初始资源获取的平均自给水平在不同组织形式之间是否存在差异。结果发现，不同组织形式下农民创业初始投入资金和劳动力资源的平均自给水平不全相等，但技术资源的平均自给水平则不存在显著性差异。表 6.5 和表 6.6 给出了不同组织形式间资金和劳动力资源自给水平的单因素方差分析结果。不难看出，从个体户到有限责任公司，农民创业初始投入资金和劳动力资源的平均自给水平不断下降。结合前文对不同组织形式下农民创业初始资源获取规模的比较分析，可以初步判断：随着农民创业初始投入资源规模的逐步提高，农民自身及其家庭所能提供的资源数量将日益无法满足需求，资源获取的自给水平将不断下降。

表 6.5 组织形式间初始投入资金自给水平的单因素方差分析结果

总体检验	$F=8.81^{***}$		$P=0.000$
两两检验	个体户	合伙企业	个人独资企业
合伙企业	−0.091(0.141)		
个人独资企业	-0.106^{*}(0.051)	−0.015(0.991)	
有限责任公司	-0.275^{***}(0.000)	-0.184^{*}(0.061)	-0.168^{*}(0.099)

注：***、* 分别表示在 1%、10%的水平上显著；两两检验时报告的是行项与列项的均值差，“()”中则是对应的 P 值。

表 6.6 组织形式间初始投入劳动力自给水平的单因素方差分析结果

总体检验	$F=75.63^{***}$		$P=0.000$
两两检验	个体户	合伙企业	个人独资企业
合伙企业	-0.309^{***}(0.000)		
个人独资企业	-0.354^{***}(0.000)	−0.045(0.721)	
有限责任公司	-0.449^{***}(0.000)	-0.140^{*}(0.092)	−0.095(0.388)

注：***、* 分别表示在 1%、10%的水平上显著；两两检验时报告的是行项与列项的均值差，“()”中则是对应的 P 值。

6.3.3 基于不同农业行业

6.3.3.1 资源获取规模的行业比较

出于对农民农业创业行为的研究兴趣，本章还就农民农业创业的初始资源获取规模和途径进行了分析。这部分研究利用的是创业者样本中从农业创业的农民群体中随机抽样得到的那部分样本数据。

总的来看，这 152 位农业创业农民的初始投入资金和劳动力的平均规模分别为 29.96 万元和 7.34 人，中位数分别为 6 万元和 4 人。前文中经检验已经证明，在 5%的显著性水平下，农业创业初始投入的资金和劳动力资源的中位数水平与非农创业之间不存在差异。但农业内部不同行业之间是否也是如此仍有待验证。表 6.7 给出了采用非参数秩和检验中的 Kruskal-wallis 法对不同农业行业间的创业初始投入资金和劳动力获取规模的检验结果。从中可以发现，分别在种植业、养殖业和涉农加工服务业内创业的农民，他们的初始投入资金规模的中位数水平不存在显著差异。而在 10%的显著性水平下，可以认为来自不同行业的农民创业的初始投入劳动力资源规模的中位数水平不完全相等。经过统计，在涉农加工服务业内创业的农民，其初始投入劳动力的平均规模最高，为11.31人，相应的中位数为5人；而在养殖业内创业的农民，其初始投入劳动力的平均规模则最低，为4.09人，相应的中位数为4人。

表6.7　农业行业间初始投入资金和劳动力规模的Kruskal-wallis检验结果

资　源	农业行业	样本数	总计	平均值	卡方检验
资　金	种植业	38	2896.00	76.21	$\chi^2=0.619$ $P=0.734$
	养殖业	56	4105.50	73.31	
	加工服务业	58	4626.50	79.77	
劳动力	种植业	38	2942.50	77.43	$\chi^2=4.877^{*}$ $P=0.087$
	养殖业	56	3754.50	67.04	
	加工服务业	58	4931.00	85.02	

注：* 表示在10%的水平上显著。

6.3.3.2　资源获取途径的行业比较

在152个农业创业样本中，创业初始投入资金和劳动力资源的自给水平分别为0.72和0.66；创业初始使用技术来自于内部自有的农民创业者占所有农业创业样本的一半以上。在对不同农业行业的上述资源获取途径进行分析之后发现，初始投入资金和技术资源的平均自给水平在不同农业行业之间不存在显著差异；但可以认为在1%的显著性水平下，初始投入劳动力资源的平均自给水平在不同农业行业之间不完全相等，如表6.8所示。两两检验后可以看到，在养殖业和加工服务业内创业的农民的初始投入劳动力的平均自给水平存在显著差异，前者的平均自给水平明显高于后者。

表6.8　农业行业间初始投入劳动力自给水平的单因素方差分析结果

总体检验	$F=5.39^{***}$	$P=0.006$
两两检验	种植业	养殖业
养殖业	0.091(0.327)	
加工服务业	−0.086(0.359)	-0.177^{***}(0.005)

注：*** 表示在1%的水平上显著；两两检验时报告的是行项与列项的均值差，“()”中则是对应的 P 值。

6.4 农业创业初始资源获取的效率分析

创业初始资源获取效率是反映创业者初始资源获取整体情况的主要指标，通常可以用创业者获取所需初始资源的行动效率来加以体现。一般以创业者开始筹备新创事业到完成第一笔销售的历时长短来衡量其初始资源获取的行动效率(Reynolds & Miller，1992；蒋剑勇等，2013)。

以往关于农民创业初始资源获取的研究文献，大都基于以下判断：农民创业者自身不具备足够数量和质量的可用于新事业创业的资源，因此需要从外部获取所需的资源(董晓波，2007；蒋剑勇等，2013)。基于这一判断而展开的研究分析，诸如讨论创业者个人禀赋，包括先前经验和社会网络如何影响创业初始资源获取效率和效果等，在本质上隐含了一个假定：不同农民创业者对从外部获取资源的需求是相同的。但是，前文对农民创业者初始资源获取行为的比较分析已在一定程度上表明了农民创业者获取初始资源时具有相当高的自给水平，且不同资源的自给水平在不同产业、组织形式或细分行业的情境下会表现出不同的变化趋势。由此可见，不同的农民创业者在其可接受的创业初始投入资源规模下，对从外部获取资源的需求是不同的。

本书认为，农民创业者获取初始资源时的自给水平对其初始资源获取的行动效率具有影响。按常理推断，初始资源获取的自给水平越高，初始资源获取的行动效率也越高；同时，初始资源自给水平与农民创业者的先前经验和社会网络对初始资源获取行动效率的影响有可能不是独立的。需要说明的是，考虑农民创业者初始资源获取的自给水平不同于考虑其个人资源禀赋存量，前者可以视为后者中实际使用的部分对创业初始资源获取的贡献。可见，个人资源禀赋存量高的农民创业者并不必然具有较高的自给水平。

6.4.1 实证框架

基于上述观点，同时借鉴以往文献中关于影响创业资源获取因素的主要结论，本书提出以下农民创业初始资源获取效率分析的实证框架，如图 6.1 所示。

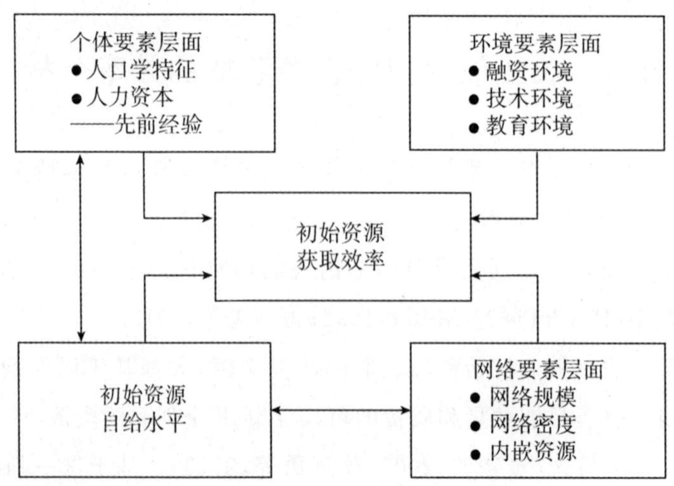

图 6.1　农民创业初始资源获取效率分析的实证框架

根据这一框架,农民创业者初始资源的获取效率受到个体、网络、资源和环境四个层面的影响。个体要素层面的影响因素包括了个体的人口学特征和人力资本,其中作为特殊人力资本的先前经验对资源获取效率的作用受到了较多学者的关注(Burton et al.,2002;Beckman,Burton & O'Reilly,2007;Hsu,2007);网络要素层面的影响因素包括了网络规模、网络密度以及网络中嵌入的资源(董晓波,2007;罗志恒等,2009);初始资源自给水平也被纳入进来,同时它与个体和网络层面的因素互相作用,共同影响初始资源的获取效率;而环境要素层面下则纳入了与初始资源获取关系相对密切的融资、技术和教育这三个资源环境要素。

相比对全体农民创业者的初始资源获取效率进行分析,本书对农业创业农民的这一情况更感兴趣,因此本章的第五部分仅就农业创业初始资源获取的效率决定展开分析和讨论。

6.4.2　变量选取

本书选取农民创业者获取初始资源的行动效率作为被解释变量,该变量通过测量农民创业者从开始筹备创立新事业到完成第一笔业务所经历的时间来赋值。理论上讲,该变量是可以取任意正值的连续型变量,数值越大,表示农民创业者花费了越长时间来获取所需资源,其资源获取行动效率就越低。

根据实证框架中所涉及的实证指标类别，本书分别在个体、网络和环境层面下选择了一系列变量作为解释变量。虽然关于本章使用的创业者样本数据的基本情况已在本书第3章中进行了介绍，但此处仍需要再次说明：以下变量的观测值都是通过回溯法，即由农民创业者回忆新事业创立之际的相关情况而得到的，并非调查当时的状况。

(1) 农民创业者个体特征。本书选取了性别、年龄、婚姻这三个变量来反映农民创业者的人口学基本特征。对农民创业者人力资本的测度则从一般人力资本和先前经验两个维度进行，选取受教育年限和参与培训情况来反映农民创业者的一般人力资本水平，选取先前创业经历和管理工作经历来反映农民创业者的先前经验水平。

(2) 社会网络特征。与本书第5章中对反映社会网络特征的变量的选取一样，此处依然通过考察农民创业者创业讨论网的规模和密度来反映其网络特征。需要指出的是，创业讨论网不仅存在于创业机会识别阶段，而且贯穿于创业的整个过程，并随着创业者所处阶段的不同而表现出不同特点。在资源获取环节，创业者通过与讨论网中的成员讨论创立新事业，以获取所需的信息、资金等初始资源。另外，本书同样选取了农民创业者亲友中从事特定职业的人数来反映其社会网络中嵌入的资源情况。之所以限定在亲友之中，是出于对资源可获得性的考量。显然，比网络中有什么资源更加重要的是能否取得这些资源，通常而言，连带程度越强，就越有可能取得该网络成员所拥有的资源(罗家德，2005)。

(3) 外部环境。本书选取农民创业者所感知的融资、技术和教育环境的宽松性来反映获取初始资源时的外部环境情况。

(4) 初始资源自给水平。这一实证指标反映了本章研究的兴趣所在，但由于不同农民创业者所需要的初始资源类型差别较大，所以对农民创业者初始资源的自给水平的测量是通过农民自陈的方式进行的。调查中，农民创业者需要回忆新事业创立之时的资源获取情况，判断自己在创立新事业之前是否已经拥有了足够的资源。此外，为了验证实证框架中提出的自给水平与先前经验、自给水平与社会网络之间的相互影响关系，本书在解释变量中还纳入了自给水平与先前经验、社会网络的交互项。

表6.9给出了农民创业初始资源获取效率分析中涉及变量的定义以及基

于农业创业的农民样本得到的初步统计结果。

表 6.9 农民创业初始资源获取效率分析涉及变量的定义及初步统计结果

变量名称	变量定义	平均值	标准差
被解释变量			
资源获取行动效率	农民创业者从开始筹备创立新事业到完成第一笔业务所经历的时间(月)	7.859	8.797
解释变量			
性别	男性=1;女性=0	0.836	0.372
婚姻	已婚=1;未婚=0	0.934	0.249
年龄	受访农民的实际年龄(岁)	39.743	8.751
受教育程度	受访农民接受正规教育的年数(年)	9.086	2.614
参加培训情况	参加过=1;未参加过=0	0.296	0.458
先前创业经历	曾经创业=1;从未创业=0	0.395	0.490
管理工作经历	曾从事管理工作=1;未从事管理工作=0	0.388	0.489
讨论网规模 *I*	受访农民的创业讨论网规模,即讨论网中的成员数(人)	−0.000	9.979
讨论网密度 *I*	受访农民的创业讨论网密度,即讨论网中强连带/讨论网规模×100	0.000	22.336
任村干部亲友数 *I*	受访农民亲友中任村干部的人数(人)	0.000	1.801
任职金融机构亲友数 *I*	受访农民亲友中任职金融机构的人数(人)	−0.000	1.355
初始资源自给水平	创业时拥有足够的资源=1; 创业时没有足够的资源=0	0.671	0.471
融资环境*	受访农民感知的融资环境宽松性程度	0.001	0.997
技术环境*	受访农民感知的技术环境宽松性程度	−0.000	1.000
教育环境*	受访农民感知的教育环境宽松性程度	−0.000	1.000
自给水平× 先前创业经历	自给水平和先前创业经历的交互项	0.250	0.434
自给水平× 管理工作经历	自给水平和管理工作经历的交互项	0.283	0.452
自给水平× 讨论网规模	自给水平和讨论网规模的交互项	−0.049	8.313

续 表

变量名称	变量定义	平均值	标准差
自给水平× 讨论网密度	自给水平和讨论网密度的交互项	−1.105	16.850
自给水平× 任村干部亲友数	自给水平和任村干部亲友数的交互项	0.095	1.557
自给水平× 任职金融机构亲友数	自给水平和任职金融机构亲友数的交互项	−0.161	1.059
农业行业虚拟变量(以涉农加工服务业为参照组)			
种植业	创业项目属于种植业＝1；否则＝0	0.250	0.434
养殖业	创业项目属于养殖业＝1；否则＝0	0.368	0.484

注：表中带“*”号的主观性变量是采用相应量表进行测量的，所计算的平均值和标准差为该量表经由因子分析而产生的标准化公共因子得分的平均值和标准差，量表信度与探索性因子分析检验结果详见本文附件；表中的“讨论网规模 *I*”、“讨论网密度 *I*”、“任村干部亲友数 *I*”和“任职金融机构亲友数 *I*”是由原变量经过“对中”处理后得到的新变量，且表中报告的是新变量的平均值和标准差。

6.5 回归分析结果与讨论

6.5.1 模型估计结果

本章采用普通最小二乘法(OLS)对农民农业创业初始资源获取效率的实证模型进行估计。为了更好地拟合数据，估计前对被解释变量取对数，同时为了尽可能避免多重共线性对模型估计准确性的损害，本章对构成交互项的连续型解释变量进行了“对中”处理，生成相应的新变量，再使用新变量构造交互项并进入模型参与回归。通过处理后，模型中解释变量的方差膨胀因子(VIF)的最大值为5.55，没有超过10，因此可以认为此时模型不存在严重的多重共线性问题。另外，本章在对模型进行估计时采用了稳健方差法，以消除异方差问题对模型检验的影响。表6.10给出了模型的估计结果，模型整体在1%的显著性水平上通过了 F 检验，且判定系数 R^2 达到了0.522。

表 6.10 农业创业农民初始资源获取效率实证模型的估计结果

解释变量	系 数	标准误差（Robust）	t 值	$P>t$	95%置信区间
性别	0.150	0.183	0.820	0.414	[−0.213,0.513]
婚姻	−0.004	0.245	−0.020	0.986	[−0.489,0.480]
年龄	0.011	0.008	1.470	0.144	[−0.004,0.027]
受教育程度	0.031	0.030	1.030	0.304	[−0.028,0.090]
参加培训情况	0.128	0.137	0.940	0.351	[−0.143,0.399]
先前创业经历	−0.479**	0.188	−2.540	0.012	[−0.852,−0.106]
管理工作经历	−0.412**	0.160	−2.580	0.011	[−0.728,−0.096]
讨论网规模 *I*	−0.013	0.014	−0.970	0.334	[−0.041,0.014]
讨论网密度 *I*	−0.017***	0.006	−2.880	0.005	[−0.029,−0.005]
任村干部亲友数 *I*	0.140	0.080	1.770	0.080	[−0.017,0.298]
任职金融机构亲友数 *I*	−0.181**	0.075	−2.420	0.017	[−0.329,−0.033]
初始资源自给水平	−0.787***	0.175	−4.490	0.000	[−1.134,−0.440]
融资环境	0.023	0.106	0.210	0.830	[−0.187,0.233]
技术环境	−0.165*	0.085	−1.940	0.055	[−0.334,0.004]
教育环境	0.035	0.103	0.340	0.737	[−0.169,0.238]
自给水平×先前创业经历	0.416*	0.224	1.860	0.065	[−0.026,0.858]
自给水平×管理工作经历	0.265	0.179	1.480	0.142	[−0.090,0.619]
自给水平×讨论网规模	−0.010	0.016	−0.650	0.520	[−0.042,0.021]
自给水平×讨论网密度	0.000	0.007	−0.050	0.956	[−0.014,0.013]
自给水平×任村干部亲友数	−0.129	0.097	−1.330	0.185	[−0.320,0.062]
自给水平×任职金融机构亲友数	0.155*	0.086	1.810	0.073	[−0.015,0.325]

续 表

解释变量	系 数	标准误差(Robust)	t 值	$P>t$	95%置信区间
种植业	0.446***	0.168	2.650	0.009	[0.113,0.779]
养殖业	0.420***	0.148	2.840	0.005	[0.127,0.713]
截距项	1.181**	0.561	2.100	0.037	[0.070,2.291]
F 值	8.08***				
R^2	0.522				

注：***、**、* 分别表示在 1%、5%、10%的水平上显著。

6.5.2 估计结果讨论

上述模型估计结果显示，对从事农业创业的农民来说，在 5%的显著性水平下，先前创业经历、管理工作经历、创业讨论网密度、在金融机构任职的亲友数以及初始资源自给水平对其获取创业初始资源的行动效率具有显著影响。并且，在 10%的显著性水平下，可以认为初始资源自给水平、先前创业经历和在金融机构任职的亲友数对资源获取效率的作用不是独立的，而是会受到其他解释变量的影响。

(1) 农业创业农民的初始资源自给水平是资源获取效率的重要影响因素

与前文推断一致，能够自给所需创业资源的农业创业者，相较于需要从外部获取部分资源的农业创业者来说，具有更高的资源获取效率。特定地，对没有创业经历且没有亲友在金融机构任职的农业创业者，若能够自给所需初始资源，将使得从开始筹备新事业到完成第一笔业务的时间平均缩短78.7%。但一般情况下，农业创业者资源自给水平对资源获取效率的作用程度同时还取决于农民的先前创业经历以及他拥有的在金融机构任职的亲友数量。就先前创业经历而言，在其他特征都相同的情况下，提高初始资源的自给水平对那些没有先前创业经历的农业创业者资源获取效率的改进程度将大于那些具有创业经历的农业创业者。

(2) 农业创业农民的先前经验同样对其初始资源获取效率具有重要影响

模型中考察了创业农民的先前创业经历和管理工作经历，结果显示：在

5%的显著性水平下，两者对农业创业农民资源获取效率都具有显著作用。具有管理工作经历的农业创业农民相比没有这方面经历的农民，从开始筹备新事业到完成第一笔业务的时间平均缩短了41.2%。另外，由于和初始资源自给水平的交互项系数显著不等于0，所以先前的创业经历对农业创业农民资源获取效率的作用程度同样也需要视自给水平而定。在其他特征都相同的情况下，相比能够自给所需创业资源的农业创业农民，拥有先前创业经历对不能充分自给所需资源的农业创业农民来说有着更大的帮助。显然，不论是先前创业经历还是管理工作经历，都能帮助农民获得一般性工作无法积累的高水平、跨职能的宝贵经验，从而使农民少走弯路；此外，具有先前创业经历或管理工作经历能帮助农民创业者获得外部资源拥有者的更多信任，进而以更高的效率获取所需资源。

(3) 农业创业农民的讨论网密度和在金融机构任职的亲友数也会影响其初始资源获取效率

在其他特征都相同的情况下，农业创业农民的讨论网密度每增加1个百分点，那么他从开始筹备新事业到完成第一笔业务的时间平均将缩短1.7%。这与讨论网密度对创业机会识别的影响机制是相反的。不难理解，在中国社会中，通常只有对于自己非常熟悉和信任的人，才可能允许其使用自己的资源。讨论网密度越高，则说明在给定规模的网络中强连带数量越多，因而也就越有可能高效地取得所需的创业资源。同样的，在金融机构任职的亲友数每增加1人，对那些不能自给所需资源的农业创业农民来说，其耗费在获取资源上的时间平均将缩短18.1%，而对那些能够自给所需资源的农民而言，这一时间仅缩短了2.6%。也就是说，当农业创业农民需要获取外部资源时，有亲友在金融机构工作对提高资源获取效率的作用就凸显出来了。

除了上述解释变量对农业创业农民的初始资源获取效率具有显著影响之外，创业者所处的技术环境的宽松性也在一定程度上影响资源获取的效率水平。当技术环境较为宽松时，农业创业农民能够比较便捷地获取所需技术，从而提高了资源获取的行动效率。另外，模型中两个行业虚拟变量的系数在1%的显著性水平下显著不等于0，这说明和在涉农加工服务业创业的农民相比，在种植业或养殖业创业的农民的资源获取效率更低一些。产生这一现象的原因在于，不同的农业行业具有不同的生产经营特征，显然种植脐橙的农民需要花费更长的时间才能完成他的第一笔业务，而开办面粉加工作坊的农民所需时间就要短得多了。

6.6 本章小结

创业初始资源获取是农民创业过程中的关键一环，对新创事业的建立、生存和成长具有重要且长远的影响。当前我国农民创业研究领域对农民创业者初始资源获取行为的探索才刚刚起步，不论是对其外在表现的考察，还是对其整体效率的分析都比较浅显，远未深入。而已有的一些研究农民创业资源获取的文献，大都从创业者人力资本或社会网络的角度切入，忽略了资源要素本身在其中所扮演的角色。

本章首先基于不同产业、创业组织形式和农业细分行业对农民创业者的初始资金、劳动力及技术资源的获取规模和途径进行了比较分析。根据结果可以初步判断，农民在获取创业初始资源时具有较高的自给水平，且不同资源随着创业产业、组织形式以及所在细分行业的不同表现出不一样的变化情况。以此为出发点，本章随后构建了一个农民创业初始资源获取效率的实证框架，在原有分析思路的基础上，将初始资源自给水平这一因素纳入了实证框架中。采用农业创业农民的样本数据得到的模型估计结果验证了初始资源自给水平对资源获取效率的正向影响，同时也发现该影响的程度大小依赖于农民创业者先前创业经历和在金融机构中任职的亲友数量。

应该说，本章的分析工作仅仅是在农民创业资源获取这一研究主题下的一次新尝试。许多更为本质和深入的问题仍需要投入大量后续研究工作才能给出答案。

7 研究四：农业创业初期绩效的影响因素分析

根据本书提出的概念框架，农民创业初期绩效是新创事业萌现过程中所有行为与活动效果的最终体现。当农民创业者克服重重难关成功创立新事业之后，如何确保其在日益激烈的市场竞争中存活下来并实现进一步的成长，将成为农民创业者面临的巨大挑战。由于理论界和政策层对农民创业的界定尚不明晰，所以关于农民创业成功率的统计数据难以取得。但我国大学生群体创业成功率仅为1%左右，从中可以窥见新创事业生存与发展的不易。沿着本书的逻辑脉络，本章将关注农民农业创业项目的初期绩效表现，并对农业创业初期绩效的影响因素进行分析。

7.1 引 言

创业绩效是个体创业活动成功与否的重要标志，因而长期以来一直是国内外创业研究者关注的热点主题。张君立等（2008）将创业绩效定义为创业者为实现其创业目标，通过一系列的工作行为所取得的反映新事业初创和成长的各种结果。不难发现，现实中只有很小一部分新创组织能够顺利地生存下来，并成功实现事业的成长与扩张，进而真正成为推动经济发展的重要力量。因此，不论是从学术研究还是从政策制定的角度来看，探究为什么一些新创事业能够存活并长大而另一些却只能获得很小的增长甚至快速走向消亡，具有十分重要的意义。

尽管学术界对创业绩效研究十分重视，但目前关于创业绩效的一些研究议题依然未能取得一致结论。其中，如何科学地评价创业绩效成为摆在学者们面前的首要挑战。已有的绝大多数研究成果都是通过借鉴组织绩效的测评方法来衡量创业绩效（李宇，2009）。国内外学者根据研究需要提出了许多不同的创业绩效评价思路和指标，这在丰富研究成果的同时，也给交流与讨论造成了一定的障碍。而创业绩效研究的另一个难点则是揭示创业绩效差异的成因。经过数十年的不断探索，目前学术界对这一问题的研究主要从认知论、资源论、战略适应论以及群体生态论等角度出发来进行分析。

创业绩效之于新创事业实现生存和成长的意义不言而喻，但令人感到遗憾的是，在农民创业研究领域，专门讨论农民创业绩效的研究成果寥寥无几。显然，这不利于农民创业研究完整体系的形成，也不利于学术界和政策层对农民创业活动的理解与把握。因此，结合本书的研究对象，本章将尝试在考察农民农业创业初期绩效表现的基础上，分析农民农业创业初期绩效的影响因素，以期能为填补农民创业研究在该方向上的空白贡献微薄之力。

7.2 文献回顾

7.2.1 创业绩效评价

创业绩效研究的相关理论能否建立取决于能否科学有效地评价创业绩效。以往研究中，许多学者对选取创业绩效测量指标提出了自己的看法。

不少学者使用财务指标对创业绩效进行测量。Murphy，Trailer 和 Hill（1996）对 1987—1993 年创业研究领域所有以创业绩效为因变量的实证研究文献加以梳理后发现：这些研究中使用的绩效测量指标包括了多个维度，其中效率、成长和利润这三个维度的使用频率最高。虽然通过财务指标对创业绩效进行评价显得十分顺理成章，但也有学者认为仅凭财务指标无法正确衡量新创事业的整体绩效水平，需要同时采用非财务指标。Haber 和 Reichel（2005）在研究中采用了一种综合评价法，在使用利润、现金流量、资产回报率、净资产收益率等财务指标的同时，也纳入了感知的市场份额、感知的销售增长、顾客满意度、忠诚度和品牌价值等非财务指标。

Chrisman，Bauerschmidt 和 Hofer(1998)基于新创事业需要先想方设法存活才能进一步谋求成长的特点，提出对创业绩效的考察应从生存和成长两个维度进行。这一评价思路得到了许多学者的认可，但随之而来的问题是如何选取用于测量这两个维度的指标。另外，也有研究从创业本质出发，认为创业绩效还应包括创新绩效(McGrath,2001)。尽管学术界对创新绩效的论述并不匮乏，但这一评价思路同样面临如何正确量化创新绩效的问题。此外，国内一些学者对创业绩效评价问题也进行了探索。比如，沈超红(2006)从财务指标与非财务指标、客观指标与主观指标、企业生存与企业成长等多个评价角度衡量了创业绩效；林嵩(2007)从财务性绩效指标和增长性绩效指标来进行创业绩效的评价；而文亮(2011)则同时从生存绩效、成长绩效和创新绩效三个维度对创业绩效进行了考察。

7.2.2 创业绩效的影响因素

长期以来，创业学者们一直致力于探索创业绩效的影响因素。为了更好地解释创业绩效形成及差异，学者们纷纷提出创业绩效的理论模型，其中涉及包括创业者个体、创业初始资源、组织战略、产业结构、环境特征等在内的诸多影响因素(Sandberg & Hofer,1987;Gibb & Davies,1990;Chandler & Hanks,1994;Storey,1994;Chrisman,Bauerschmidt & Hofer,1998)。但由于这些理论模型往往是通过组合不同的影响因素来分析创业绩效，因而在解释的准确度和可信度方面遭受质疑。总的来说，当前学术界对创业绩效影响因素的探索主要从以下四个理论视角展开。

(1) 认知视角。基于该视角的研究本质上认为创业活动的结果取决于创业者的个人特质，特别是创业动机和创业能力。Chandler 和 Hanks(1994)研究发现创业者识别创业机会的能力和利用资源的能力直接与创业绩效相关；Lerner 等人(1997)的研究则证明了创业动机和创业绩效之间的相关关系。

(2) 资源视角。基于该视角的研究特别强调资源对于创业绩效的重要性。不同创业组织依据自身的资源状况制订出不同的战略计划，继而导致了不同的创业绩效表现(刘艳梅,2002;Heirman & Clarysse,2004)。根据资源基础理论，组织持续保持竞争优势的关键在于拥有不可复制、难以模仿的异质性资源，组织拥有资源的独特性越强、可替代性越差，那么该资源能够创造的利润也就越大，组织的竞争优势自然也越强(Barney,1991)。在此基础上，学者们进一步研究了创业资源获取对创业绩效的作用。Lichtenstein 和 Brush(2001)认为资源获取存在于新创事业的整个生命周期中，并提出了资源获取与创业绩效之间的动态模型；张君立等(2008)通过研究发现，创业资源获取是社会网络影响创业绩效的重要途径；赵文红、梁巧转(2010)专门研究了技术获取方式与企业绩效的关系，结果显示：无论是外部获取还是内部积累，都会对企业绩效产生较显著的正面影响。常冠群(2009)通过实证分析验证了资源获取效率与创业绩效呈正相关，而资源获取效果与创业绩效的关系却未获验证。

(3) 战略视角。基于该视角的研究认为在众多影响创业绩效的因素中，创业战略是至关重要的(Dollinger，1985；Sandberg & Hofer，1987；Romanelli,1989;Tan,1993)。其他影响因素对创业绩效的作用取决于新创事业采用何种初始战略进入市场。以资源为例，虽然人们对异质性资源之于创业绩效的重要性已形成共识，但只有通过初始战略的实施及整合各种资源才能发挥其作用。Sandberg 和 Hofer(1987)的研究论证了新创组织战略的存在性及价值；Romanelli(1989)则从宽度和效率出发对创业战略进行了划分，并通过实证分析发现，采取专门化战略的新创组织要比采取通用化战略的组织在创业初期具有更高的存活率；而采取激进型战略的新创组织要比采取效率型战略的组织在创业初期具有更高的存活率。

(4) 环境视角。基于该视角的研究强调外部环境对创业绩效的影响。Timmons(1999)认为创业者所在地区的融资环境是否理想关系到企业能否成功转化机会价值并实现持续发展；Delacroix 和 Carroll(1983)研究发现，技术、人口、经济等宏观层面的环境因素能够很好地解释区域内新创组织的形成率。但也有学者认为环境视角更适合用于宏观层面的分析，例如解释不同地区创业活动与新创组织数量的差异(李乾文，2004)。在之后的研究中，许多学者转而强调创业组织的组织结构和初始战略与创业环境之间匹配程度的重要性(Aldrich & Martinez,2001;蔡莉等,2007)。Covin 和 Slevin(1989)识别和对比了不同的战略定位与组织结构在恶劣或良好的环境条件下对组织绩效的影响。

7.2.3 国内农民创业绩效的研究进展

国内关于农民创业绩效方面的系统性研究还处于起步和摸索阶段，不论是从文章数量或规范性上来看，与其他对象的创业绩效研究水平还存在相当大的差距。已有关于农民创业绩效的研究文献大致可以分为两类，一类是从宏观层面整体评价我国农民创业活动对农村经济增长、农民就业增收、农业结构调整等方面的促进作用，这一类文章的数量较多且多采用定性研究的方法(郭军盈，2006；朱明芬，2009；韦吉飞，2010)；另一类则是借用创业研究领域已有的创业绩效理论对农民创业的微观绩效展开分析(杨文兵，2011；周菁华、谢洲，2012)。杨文兵(2011)通过研究发现，农民创业主要以家庭团队创业为主，且外部环境和家庭环境通过影响农民创业活动进而提高农民创业的绩效表现；周菁华和谢洲(2012)则利用重庆市创业农民的调查数据分析农民创业能力与创业绩效之间的关系，文章以农民家庭经营性收入来衡量创业绩效，分析结果显示，农民综合创业能力越高，其创业绩效表现就越好。

7.3 实证框架与变量说明

7.3.1 实证框架

通过上述对创业绩效研究主题相关成果的整理，可以发现目前学术界主要从创业者个体、创业资源、创业战略以及创业环境等层面来探寻创业绩效的影响因素。并且，以往文献中大部分都只是从上述层面中的某一个或某两个出发来讨论新创组织绩效，同时考察上述层面对创业绩效影响机制的研究成果相对较少。因此，本章尝试构建一个涵盖多个层面的农民创业初期绩效的综合分析框架，并利用中国农民创业调查中的农业创业农民样本进行实证分析，以期能更好地理解产生农业创业初期绩效差异的原因。

如图7.1所示，农民创业初期绩效受到来自创业者个体、网络、资源、战略和环境等多个层面因素的影响，其中创业资源与创业环境会影响新创事业的初始战略，但本章不对这一关系进行验证。

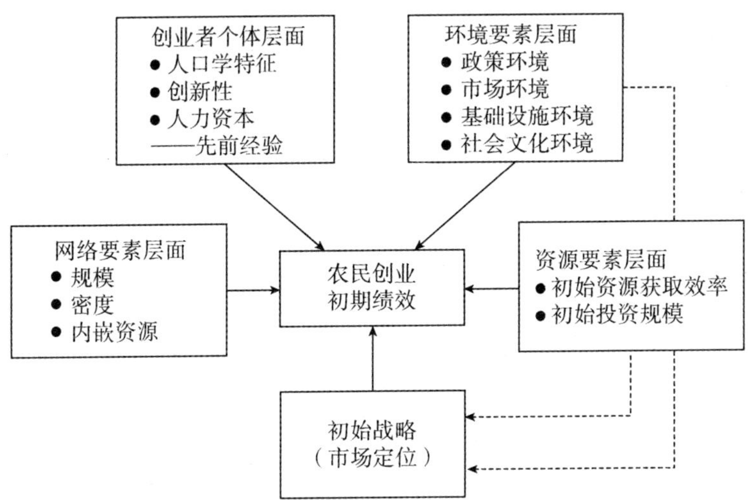

图 7.1　农民创业初期绩效影响因素分析的实证框架

7.3.2　变量选取与研究假设

本章旨在考察农民创业初期绩效的影响因素及其作用方式。因此，恰当地选取反映农民创业初期绩效的测量指标是首先需要考虑的问题。

前文已经对关于创业绩效评价的文献成果进行了简单的梳理。当前创业绩效研究中多数学者接受和认可的绩效评价思路是从生存绩效和成长绩效两个方面进行测量。在生存绩效方面，有学者认为应该以新创事业存活的时间来衡量，但如何界定"存活"一直以来也未有定论；而更多的学者认为最能直接反映生存绩效状况的正是反映获利能力的财务指标，生存绩效的好坏可以从中见其端倪。因此，在许多实证研究中，财务指标，例如销售额、净利润、资产增长等被用来反映创业的生存绩效；而在反映获利潜能增长的成长绩效方面，常常用市场份额、员工人数的增长等非财务指标来衡量(Brush & Vanderwerf，1992；Chandler & Hanks，1994)；另外，企业知名度、经营管理水平、对技术创新的重视程度等因素也被认为可以用来衡量新创事业的成长绩效(Gopalakrishnan，2000)。

本书认为，尽管考察新创事业的成长绩效十分重要，但对于农民创业而言，首先应该要了解的是关系其生存与否的生存绩效。因此，本章将专门分析农民创业的生存绩效，并选取销售利润率作为测量生存绩效的指标。此外，受到 Eric Hansen 于 1995 年在《创业理论与实践》杂志上发表的关于创业者社会网络与创业绩效关系的文章的启发，本章将以农民新创事业创立后第一年度的销售利润率作为反映其生存绩效的测量指标。正如 Hansen(1995)在其文章中所解释的那样，这样做的根本用意在于将相关因素变动对创业绩效影响因素分析的干扰降到最小，从而避免对研究数据的误读。本书第 3 章对农民创业者样本的基本情况已经有所介绍，该样本数据主要包括两个部分：第一部分是调查发生时农民创业者及其新创事业的基本情况；第二部分则是采用回溯法引导受访农民回忆新创事业创立时的情境，进而收集到的相关信息。显然，倘若用创业者个体、资源、网络、环境等因素的初始水平来解释经过数年发展而取得的当前绩效，必定存在不小的偏差。而在无法取得定期跟踪数据的情况下，将创业生存绩效的测量时段限定在创立后第一年则能有效降低误读数据的风险。

在确定被解释变量之后，根据实证框架中的指标类别，本章进一步选取下列变量作为农民创业生存绩效的解释变量。

(1) 创业者个体层面。本书选取性别、年龄、婚姻这三个变量来反映农民创业者的人口学基本特征；选取创新性这一变量来反映农民创业者的人格心理特质。对农民创业者人力资本的测度则与前面各章一致，从一般人力资本和先前经验两个维度进行，选取受教育年限和参与培训情况来反映农民创业者的一般人力资本水平，选取先前创业经历和管理工作经历来反映农民创业者的先前经验水平。

(2) 网络要素层面。由于本章将创业生存绩效测量时段限定于新事业创立后的第一年度，所以可以用创业者的个人社会网络特征替代新创组织的社会网络特征(Hansen，1991、1995)。此处依然通过考察农民创业者创业讨论网的规模和密度来反映其网络特征，同时也选取了农民创业者亲友中从事特定职业的人数来反映其社会网络中嵌入的资源情况。

(3) 资源要素层面。本章借鉴常冠群(2009)的研究思路，选取创业初始投资规模和创业初始资源获取效率两个变量来反映农民新创事业的初始资源特征。

(4) 环境要素层面。本章选取对新创事业运营较为重要的政策扶持环境、市场环境、基础设施环境以及社会文化环境的宽松性水平来反映新创事业的初始环境特征。

(5) 初始战略选择。由战略管理理论可知，市场定位实际上引导了整个战略设计，在战略选择过程中占有相当重要的位置。因此，本章选取农民新创事业的市场定位这一变量来反映其初始战略状况。组织根据自身的市场定位，可以在竞争中扮演领导者、挑战者、追随者和补缺者这四种角色。但由于新创事业才刚创立，不太可能成为市场领导者，所以农民新创事业的市场定位主要有三种情况，即挑战者、追随者和补缺者。

基于以往创业绩效研究成果，本章对上述解释变量与农民创业初期生存绩效之间的关系主要提出如下研究假设：

假设 1：农民创业者具有先前创业经历，有助于提高新创事业的初期生存绩效。

假设 2：农民创业者具有管理工作经历，有助于提高新创事业的初期生存绩效。

假设 3：农民创业者的讨论网规模对新创事业的初期生存绩效具有正向作用。

假设 4：农民创业者的讨论网密度对新创事业的初期生存绩效具有负向作用。

假设 5：新创事业的初始资源获取效率对其初期生存绩效具有正向作用。

假设 6：采取不同市场定位的新创事业的初期生存绩效存在差异。

表 7.1 给出了农民创业初期绩效影响因素分析中涉及变量的定义以及基于农业创业的农民样本得到的初步统计结果。

表 7.1　农民农业创业初期绩效影响因素分析涉及变量的定义及初步统计结果

变量名称	变量定义	平均值	标准差
被解释变量			
创业初期生存绩效	新创事业创立后第一年度的销售利润率(%)	31.665	39.059
解释变量			
性别	男性＝1；女性＝0	0.836	0.372
年龄	受访农民的实际年龄(岁)	39.743	8.751

续　表

变量名称	变 量 定 义	平均值	标准差
婚姻	已婚＝1；未婚＝0	0.934	0.249
受教育年限	受访农民接受正规教育的年数(年)	9.086	2.614
参与培训情况	参加过＝1；未参加过＝0	0.296	0.458
创新性*	受访农民的创新性特质水平	0.000	1.000
先前创业经历	曾经创业＝1；从未创业＝0	0.395	0.490
管理工作经历	曾从事管理工作＝1；未从事管理工作＝0	0.388	0.489
讨论网规模	受访农民的创业讨论网规模，即讨论网中的成员数(人)	11.711	9.979
讨论网密度	受访农民的创业讨论网密度，即讨论网中强连带/讨论网规模×100	57.619	22.336
任村干部亲友数	受访农民亲友中任村干部的人数(人)	1.730	1.801
任公务员亲友数	受访农民亲友中任公务员的人数(人)	2.007	2.567
任企业管理者亲友数	受访农民亲友中任企业管理者的人数(人)	1.933	3.394
任职金融机构亲友数	受访农民亲友中任职金融机构的人数(人)	1.112	1.355
初始投资规模	新创事业的初始投资金额(万元)	29.964	78.891
初始资源获取效率	农民创业者从开始筹备创立新事业到完成第一笔业务所经历的时间(月)	7.859	8.797
政策环境宽松性*	受访农民感知的政策环境宽松性程度	0.000	1.000
基础设施环境宽松性*	受访农民感知的基础设施环境宽松性程度	0.000	1.000
社会文化环境宽松性*	受访农民感知的社会文化环境宽松性程度	0.000	1.000
市场环境宽松性*	受访农民感知的市场环境宽松性程度	0.000	1.000

续 表

变量名称	变 量 定 义	平均值	标准差
初始战略虚拟变量(以挑战者为参照组)			
补缺者	市场定位为补缺者=1,否则=0	0.309	0.464
追随者	市场定位为追随者=1,否则=0	0.526	0.501
农业行业虚拟变量(以涉农加工服务业为参照组)			
种植业	创业项目属于种植业=1;否则=0	0.250	0.434
养殖业	创业项目属于养殖业=1;否则=0	0.368	0.484

注：表中带“*”号的主观性变量是采用相应量表进行测量的,所计算的平均值和标准差为该量表经由因子分析而产生的标准化公共因子得分的平均值和标准差,量表信度与探索性因子分析检验结果详见本书附录3。

7.4 描述性分析

7.4.1 农业创业项目的初期绩效概况

对农业创业农民样本数据进行统计后发现,农业创业项目创立后第一年度的销售利润率平均为31.66%,中位数为33.33%。按农业行业划分后发现,涉农加工服务业的平均销售利润率水平最高,为39.39%;其次是养殖业,为28.38%;而种植业的平均销售利润率水平最低,为22.04%。

总体中,市场定位为补缺者的农业创业项目数量为46个,占总体的30.26%;市场定位为追随者的农业创业项目数量为79个,占总体的51.97%;市场定位为挑战者的项目数量为27个,占总体的17.76%。按农业创业项目的市场定位划分后发现,定位市场补缺者的农业创业项目创立后第一年度的销售利润率平均为40.07%;定位市场追随者的农业创业项目的销售利润率平均为37.32%;而定位市场挑战者的农业创业项目的销售利润率则平均为-3.29%。

7.4.2 初期绩效影响因素的基本情况

从农业创业农民的个体层面来看，平均受教育年限为9.09年，曾经参加过培训活动的人数为45人，占到总体的29.61%；具有先前创业经历的人数为60人，占了总体的39.47%，而具有管理工作经历的人数为59人，占到总体的38.82%。

从农业创业农民的网络层面来看，创业讨论网规模的中位数为9人，创业讨论网密度的中位数为57.14%。按市场定位划分，所创事业定位于市场补缺者的农业创业农民平均的讨论网规模为12.13人，讨论网密度为57.23%；定位于市场追随者的平均讨论网规模为12.01人，讨论网密度为58.29%；定位于市场挑战者的平均讨论网规模则为10.11人，讨论网密度为56.33%。

7.5 实证分析结果与讨论

7.5.1 模型估计结果

本章同样采用普通最小二乘法(OLS)对农民农业创业初期绩效影响因素的实证模型进行估计，并且采用稳健方差法，以消除异方差问题对模型检验的影响。在对模型进行多重共线性检验后发现，模型中解释变量的方差膨胀因子(VIF)最大的仅为2.78，这表明模型不存在严重的多重共线性问题。表7.2给出了模型估计的结果，模型整体在1%的显著性水平上通过了F检验，判定系数R^2为0.378。

表7.2 农民农业创业初期绩效影响因素实证模型的估计结果

解释变量	系　数	标准误差	t值	$P>t$	95%置信区间
性别	−7.013	4.991	−1.410	0.163	[−16.903,2.876]
年龄	0.121	0.330	0.370	0.713	[−0.532,0.775]
婚姻	5.204	13.093	0.400	0.692	[−20.738,31.147]
受教育年限	1.581	2.525	0.630	0.532	[−3.422,6.585]
参与培训情况	−11.923	7.318	−1.630	0.106	[−26.423,2.576]

续　表

解释变量	系　数	标准误差	t 值	$P>t$	95%置信区间
创新性	−1.521	2.294	−0.660	0.509	[−6.066,3.025]
先前创业经历	−5.391	5.535	−0.970	0.332	[−16.359,5.576]
管理工作经历	9.929**	4.957	2.000	0.048	[0.107,19.751]
讨论网规模	−0.061	0.307	−0.200	0.844	[−0.668,0.547]
讨论网密度	−0.283*	0.159	−1.790	0.077	[−0.598,0.031]
任村干部亲友数	−1.301	1.516	−0.860	0.392	[−4.305,1.702]
任公务员亲友数	4.558***	1.716	2.660	0.009	[1.158,7.957]
任企业管理者亲友数	−1.941	1.247	−1.560	0.122	[−4.412,0.530]
任职金融机构亲友数	−1.136	1.840	−0.620	0.538	[−4.781,2.509]
初始投资规模	0.022	0.040	0.550	0.581	[−0.058,0.103]
初始资源获取效率	−3.382***	0.783	−4.320	0.000	[−4.932,−1.831]
政策环境宽松性	−1.808	2.672	−0.680	0.500	[−7.102,3.486]
基础设施环境宽松性	−0.308	2.677	−0.120	0.909	[−5.611,4.995]
社会文化环境宽松性	1.672	2.468	0.680	0.499	[−3.218,6.563]
市场环境宽松性	−2.141	2.388	−0.900	0.372	[−6.872,2.590]
补缺者	37.251**	17.491	2.130	0.035	[2.594,71.908]
追随者	38.549*	19.529	1.970	0.051	[−0.146,77.244]
种植业	−3.301	8.133	−0.410	0.686	[−19.416,12.815]
养殖业	1.772	6.068	0.290	0.771	[−10.250,13.794]
截距项	17.413	49.094	0.350	0.723	[−79.861,114.686]
F 值	4.06***				
R^2	0.378				

注：***、**、*分别表示在1%、5%、10%的水平上显著。

7.5.2　估计结果讨论

从上述模型估计结果可知，管理工作经历、讨论网密度、亲友中任公务员的数量以及初始资源获取效率对农民农业创业初期绩效具有显著的影响。

此外，不同市场定位的农业新创事业的初期绩效存在一定的差异。

(1) 农业创业农民的管理工作经历对新创事业的初期绩效具有正向的影响

如表 7.2 所示，在 5%的显著性水平下，当其他因素都相同时，具有管理工作经历的农业创业农民在新创事业第一年度的销售利润率方面比从未从事过管理工作的农民创业者平均要高近 10 个百分点。本章提出的假设 2 得到了验证。但本章提出的假设 1 却未能得到统计上的支持，即先前创业经历对农业新创事业初期绩效的作用并不显著。产生这一现象的原因有可能是因为农民一旦创立新事业后，在日常生产经营过程中，更需要的是有关组织管理方面的知识和经验。尽管具有先前创业经历能够促使农民产生创业意愿、识别创业机会并提高创业初始资源的获取效率，但此时基于之前创业所积累的经验能否帮助农民创业者更好地管理农业创业项目则不能一概而论。因为曾经创业并不代表原先所创事业成功地存活了下来并有所成长，因此先前的创业经历对运营新创事业的帮助就比较有限。与先前创业经历不同，管理工作经历则是农民创业者可以直接运用于新创事业经营过程的重要知识储备。通过从事管理工作，农民创业者可以积累计划、组织、领导、控制等多项职能经验，对于新创事业初期绩效的提高大有裨益。

(2) 农业创业农民的讨论网密度对新创事业的初期绩效具有反向的影响

由模型估计结果可知，在 10%的显著性水平下，当其他因素保持不变时，农民创业讨论网密度每增加 1 个百分点，其农业新创事业第一年度的销售利润率平均将下降 2.83 个百分点。本章提出的假设 4 得到验证。第 6 章的实证分析验证了农业创业农民在新事业创立时的讨论网密度与初始资源获取效率呈正向关系，即在给定规模的讨论网中，强连带数量越多，农民创业者获取所需的创业初始资源的效率就越高。但与获取创业初始资源，尤其是财务资源不同，新创事业初期运营过程中，往往更需要关于市场、顾客、销售渠道等方面的信息，而这些信息一般难以通过高密度的讨论网获得。当讨论网密度较低时，农民创业者将更有可能从其中的弱连带获得冗余少、价值高的有用信息，并通过利用和开发这些信息，增加新创事业在产品或服务方面的市场竞争优势。比如农民创业者更可能从原先同事那里得知某单位需要一批高品质的水果，而不是从家庭成员那里获悉。

(3) 农业创业农民亲友中公务员的数量对其新创事业的初期绩效具有显著的正向作用

在1%的显著性水平下，当其他因素保持不变时，农业创业农民每增加1位任公务员的亲友，其新创事业第一年度的销售利润率平均将提高4.558个百分点。一般而言，亲戚与好朋友关系属于强连带范畴，当亲友中有较多人在政府部门工作时，一方面有利于提高农民创业者对政府提供的各项创业扶持举措的知晓程度，从而增加其获得政府扶持的可能性；另一方面，在某种程度上也提高了农民创业者及其新创事业的市场信誉。

(4) 农业创业农民获取初始资源的效率对其新创事业初期绩效具有显著的正向作用

由于本章是用农民创业者从开始筹备创立新事业到完成第一笔业务所经历的时间来测量其初始资源获取效率的，因此模型中该解释变量的估计系数为负值。根据这一结果，在1%的显著性水平下，当其他因素都相同时，农业创业农民从开始筹备创立新事业到完成第一笔业务所经历的时间每缩短1个月，则新创事业第一年度的销售利润率平均将提高3.382个百分点。由此本章提出的假设5得到验证。初始资源获取效率反映了农民创业者调动分配内部资源和吸引利用外部资源的整体能力。由于资源获取不仅仅存在于新事业创立之时，在新事业创立之后的日常运营过程中同样需要不断识别和获取所需资源，因此具有较高资源获取效率的农业创业农民在这一方面就具有较大优势，并通过发挥这种优势来提高创业初期的绩效表现。

(5) 农业新创事业的市场定位与初期绩效具有相关性

从模型估计结果来看，在第一年度的销售利润率上，定位于市场补缺者和追随者的农业新创事业比定位于挑战者的要具有更高的水平。前者的第一年度销售利润率均比后者平均高出近40个百分点。本章提出的第6个假设得到了验证。但是，需要指出的是，对这一差距的解读需要谨慎，第一年度销售利润率低并不表示定位于市场挑战者是一项错误的初始战略。仅凭两者存在差异就对农业新创事业的初始战略与初期绩效之间的因果关系加以推断是不充分的。出现这一情况的原因极有可能是为了实施挑战者的市场定位，战略性地降低初期销售利润率以谋求产品知名度或市场占有率的快速上升。

7.6 本章小结

创业初期绩效是新创事业萌现过程中一切行为与活动效果的最终反映。虽然学术界对如何测量创业绩效还未能形成成熟一致的观点，但这一主题下的研究讨论仍然十分热烈，并积累了许多有价值的成果。只是相对于其他对象而言，有关农民创业绩效的文献数量明显较少，且研究的规范性也有所不足。本章在梳理以往创业绩效研究重要成果的基础上，尝试提出一个涵盖多个主流观察视角的农民创业初期绩效影响因素的实证框架，继而利用农业创业农民的样本数据对其进行了验证。

实证分析结果显示，管理工作经历、讨论网密度、亲友中任公务员的数量以及初始资源获取效率对农民农业创业初期绩效具有显著的影响。但必须明确的是，本章对农民农业创业初期绩效的测量是从生存绩效的维度出发的，现实中很多初创企业由于市场战略的需要，往往在开始的较长时间内处于非盈利状态，而实际上却具有较强的竞争力，这时仅凭生存绩效数据难以说明真实情况，因此需要使用非财务指标来反映其未来的获利能力(Wiklund，Davidsson & Delmar，2003)。这也是在今后的研究中需要进一步完善的地方。

8 研究结论与政策启示

农民创业被认为是当前经济社会发展形势下解决我国“三农”问题的有效途径，在推动农村社区建设、加快农业现代化发展、缓解农民就业困难、促进农民持续增收等方面发挥着不可小觑的作用。在肯定国内农民创业研究取得丰硕成果的同时，也需要清楚地看到，当前农民创业研究中存在“重农外，轻农内”的现象。与农民非农创业关系到城市化、工业化发展进程一样，广大农民的农业创业活动对于加快实现我国农业现代化而言同样是不可或缺的战略力量。然而，与中国大地上欣欣向荣的农业创业实践以及政策层对农业创业高度重视不相符合的是，国内农民创业研究领域尚未对此给予足够的关注，缺乏系统分析农民农业创业机理的专门研究成果。由此，本书姑且做出了一些粗浅的尝试，运用创业过程理论与主流观察视角对农民群体的农业创业活动背后的机理进行了初步的探索，或有争议，亦有收获。本章将概括前文研究得到的主要结论，在此基础上提出相应的政策启示，并在最后对本书的不足之处加以交代。

8.1 研究结论

通过理论与实证分析，本书初次探索了农民农业创业过程中一系列关键行为背后的规律，在一定程度上描绘了农民农业创业的内在机理，得到了以下主要研究结论：

第一，农民群体中具有农业创业意愿的农民所占比例不高，而农业创业意愿的产生会受到来自多个层面许多因素的共同影响。

根据实地调查所获得的数据来看，具有农业创业意愿的农民仅占全部非创业者农民样本的20.4%。进一步研究发现，农民自身的先前创业经历、父母创业情况、任村干部的亲友数、家庭可使用土地数量以及农民所感知的政策、市场、社会文化等环境要素宽松性程度都对农民的农业创业意愿有着不同程度的正向作用。尽管各个因素对农民产生农业创业意愿的影响强度有所不同，但从本质上而言，上述因素都是通过作用于农民的农业创业希求性与可行性水平进而影响农业创业意愿的产生。譬如，一般而言，农村社会文化中鼓励和支持创业的氛围越浓厚，农民的整体创业希求性水平就越高；而农民家庭可使用土地数量越多，则农民的创业可行性水平，尤其是农业创业可行性水平就越高。需要指出的是，任村干部的亲友数以及农民所感知的政策环境宽松性程度仅对农民在没有创业意愿和具有农业创业意愿之间的选择产生影响，两者对农民产生非农创业意愿的影响则不显著。

第二，农民多采取“意外发现”的方式识别农业创业机会，并且农民的个体特征对识别农业创业机会具有重要作用。

根据统计，在236位潜在农民创业者中，有87位农民近期内识别出了与农业相关的创业机会，占到潜在农民创业者全体的36.86%。受访农民所识别出的农业创业机会主要有发展规模化、设施化的种养殖业、农产品的加工、运输和销售以及开办农家乐等。对农民识别创业机会的方式进行分析后发现，64.37%的农民通过“意外发现”的方式识别出了农业创业机会。实证分析结果进一步表明，潜在农民创业者中，那些具有农业创业意愿，曾经有过创业经历或具有营销工作背景，又或是有着较高的创业警觉性和较低密度的创业讨论网的农民更有可能识别出农业创业机会。可见，在对农业创业机会的识别过程中，农民更多地受到自身特征的影响，其中具有农业创业意愿发挥了重要的作用。也就是说，那些识别出农业创业机会的农民往往是想在农业领域有一番作为的人。

第三，农民在获取农业创业初始资源时具有较高的自给水平，且这一自给水平对其农业创业初始资源获取效率具有显著影响。

本书从产业、行业以及组织方式角度对农民创业初始资源获取的规模状况和途径选择进行了比较分析，结果表明：在5%的显著性水平下，农民创业初始投入的资金和劳动力数量的中位数在不同产业之间没有显著性差异；与非农创业的农民相比，农业创业的农民更多地从家庭内部获取劳动力资源；此外，分别在养殖业和涉农加工服务业内创业的农民，两者初始投入劳动力的平均自给水平存在显著差异，前者的平均自给水平明显高于后者。与此同时，针对农民农业创业初始资源获取效率的实证分析验证了初始资源自给水平对资源获取效率的正向影响，同时也发现该影响程度的大小依赖于农民创业者先前创业经历和在金融机构中任职的亲友数量情况。

第四，社会网络特征与初始资源获取效率对农业创业初期的生存绩效具有显著的影响。

实证分析结果表明，管理工作经历、讨论网密度、亲友中任公务员的数量以及初始资源获取效率对农民农业创业初期的生存绩效具有显著的影响。在其他特征相同的情况下，那些曾经担任过管理职务、有较多亲友是公务员以及创业初始资源获取效率较高的农民，其农业创业项目的初期生存绩效相对较高。与此相反，在其他特征相同的情况下，那些创业讨论网密度较高的农民，其农业创业项目的初期生存绩效则相对较低。

从研究结论中不难发现农业创业行为与过程的复杂性特征。如表8.1所示，一方面，每一个农业创业关键行为都会受到来自农民个体、网络、资源以及环境等多个层面许多因素的影响；另一方面，一些因素在不同的农业创业阶段具有不同的作用机制。农业创业过程的复杂性决定了任何试图揭示与剖析其内在机理的研究努力都将面临许多困难，而本书对此做出的些许尝试也仅作抛砖引玉之用。

表8.1 农民农业创业关键行为实证分析的主要结果

关键要素 \ 关键行为		创业意愿产生	创业机会识别	初始资源获取效率	初期生存绩效形成
前置行为	农业创业意愿	—	+	—	—
	初始资源获取效率	—	—	—	+
个体	先前创业经历	+	+	+	
	营销工作经验		+		
	管理工作经验			+	+
	创业警觉		+		

续 表

关键要素 \ 关键行为		创业意愿产生	创业机会识别	初始资源获取效率	初期生存绩效形成
资源	家庭可使用土地数量	+			
	初始资源自给水平			+	
网络	讨论网密度		−	+	−
	父母创业情况	+			
	亲友支持度	+			
	任村干部亲友数	+			
	任公务员亲友数				+
	任职金融机构亲友数			+	
环境	技术环境宽松性			+	
	政策环境宽松性	+			
	市场环境宽松性	+			
	社会文化环境宽松性	+			

8.2 政策启示

根据以上研究结论，本书提出以下几点政策启示，以供探讨。

第一，建立创业辅导体系，提高农民创业者的经营管理水平。

从表8.1中可以发现，在农业创业过程的不同阶段，农民的先前经验都对其创业行为具有重要的影响。那些曾经从事过管理工作抑或担任过营销职务的农民，通常更有可能识别出农业创业机会，也往往具有更高的初始资源获取效率以及更好的创业初期生存绩效。但现实中具备这些宝贵经验的农民数量并不多，因而有必要建立一个农民创业辅导体系，通过有计划地对（潜在）农民创业者进行现代管理与市场营销等相关知识的培训，使之间接积累创业所需的有关知识和经验，继而逐步成长为会管理、善经营的创业人才。具体的操作办法则需因地制宜，例如，可以从高校或科研机构聘请专家为农民开设专题讲座，现场答疑；也可以帮助农民与有关专家建立联系，以便农民在遇到问题时可以及时请教；还可以引导各类培训机构为农民提供培训和咨询服务，以增加农民获取创业辅导的有效途径。

第二，搭建创业交流平台，提升农民创业者的社会网络水平。

本书的研究表明，农民的社会网络水平在很大程度上影响其能否顺利地开展创业活动。而鉴于我国农村地区人际交往的基本特点，许多农民在拓展和提升个人社会网络方面存在一定的困难。以创业讨论网为例，尽管实证分析结果显示密度较大的讨论网有利于提高农业创业初始资源的获取效率，但同时也证明了高密度的创业讨论网不利于识别农业创业机会以及提高农业创业初期绩效。由此可知，(潜在)农民创业者需要适时地建立更多的弱连带，以获取创业所需的信息和知识，进而推动创业过程向前发展。而搭建农民创业交流平台则是一个切实可行的解决方案。比如，成立多方参与的农民创业协会，既可以邀请创业成功人士分享经验、传授知识，也可以邀请政府工作人员介绍创业项目与扶持政策，从而帮助农民提升个人的社会网络水平。

第三，完善政府服务体系，提高政策环境要素的宽松性程度。

由表 8.1 可知，友好的创业环境对农民产生农业创业意愿具有显著的促进作用，其中政策环境的宽松性程度对农民开展农业创业活动来说尤为重要。当前，我国各级政府已经推出了一系列扶持农民创业的优惠措施。为了更好地落实相关政策，充分发挥政策效力，需要进一步对各项措施加以整合，建立并完善政府创业服务体系。一方面，可以充分运用财政、扶贫、支农等转移支付资金支持农民创业，有条件的地区还可安排农民创业专项资金；另一方面，建立创业信息发布制度，向农民创业者公布各项行政事项和办事指南，及时提供法律、法规、政策和各类市场信息。此外，还可尝试建立农民创业跟踪服务机制，通过动态追踪农民创业活动开展情况，针对不同创业环节提供不同的服务支持。

8.3 本书的不足之处

本书基于主流创业理论，对农民农业创业机理进行了粗浅的探索。从全书来看，通过构建涵盖创业意愿产生、创业机会识别、初始资源获取以及初期绩效形成等关键行为的概念框架，为本书的研究提供了一条十分清晰的逻辑脉络。沿着这一逻辑脉络展开的实证研究具有较强的系统性，这正是本书的创新点之一。但同时也不能否认，在资料掌握以及作者精力、能力有限的情况下，对农业创业过程完整性的追求导致了本书在一定程度上牺牲了对单一关键行为的分析深度。因此，公允地讲，本书作为一项针对农民农业创业机理的尝试性研究，仅初步描绘了这一活动背后的一般规律，而未能深入刻画其特殊性。应该说，这是本书整体上的不足之处，亦是笔者研究中的遗憾所在，更是今后继续努力的方向。

下面将沿着“框架—方法—数据”的思路对书中具体问题交代如下：

首先，本书构建的概念框架，从多个观察视角考察创业者个体、网络、资源和环境等要素对农民创业行为与过程的影响。但这一框架并未考虑要素之间的相互关系。以影响农民创业行为的重要因素——先前经验与社会网络为例，基于常识推断，一个曾经创业或从事管理工作的人会更好地运作自身的社会网络。换言之，先前经验与社会网络之间并非相互独立，而是相互关联的。缺乏对要素之间关系的讨论与检验是本书研究框架上的主要不足。但是，“想法很便宜，数据却很昂贵”，要想准确考察要素之间的互动关系，需要跟踪调查农民的农业创业活动，但时间序列数据或面板数据的收集难度颇大。从提高对农民创业活动的理解来看，采用纵向数据进行研究是今后必然的发展方向。

其次，本书在方法上过于依赖通过实证分析来获得研究结论，忽视了定性研究方法在挖掘农民农业创业特殊性方面的作用。特别是在农业创业情境的分析与提炼方面，仅凭实证分析描述变量之间的关系，难以捕捉其中的独特之处。因此，今后需要采取多种分析方法，结合定性与定量的研究工具，以期能获得更具持久性的研究成果。

第三，本书研究使用的调查数据存在两个有待改进的地方：一是样本量偏小，这可能会在一定程度上影响模型估计的准确性以及研究结论的可靠性；二是农业创业者样本在地理区域或细分行业上不够聚焦，这使得本书对初始资源获取和初期绩效形成等农业创业关键行为的讨论过于宽泛。今后在研究中应进一步就某一特定地区或是某个具体行业内的农民农业创业活动展开分析，以期能获得更具针对性和现实意义的研究成果。

附　录

附录1　中国农民创业调查(非创业者)

请告诉受访者:“感谢您接受我们的调查。我们保证调查所得数据仅作学习研究之用,不会泄露您的个人信息。”调查结束时,请再次致谢。

问卷编号:____________________

调查地点:______省(直辖市、自治区)______市(区、县)________乡(镇)________村

受访者姓名:____________________

受访者电话:____________________

调查日期:2012年____月____日

调查时间:________点________分至________点________分

调查员:____________________

调查员电话:____________________

填写说明:

1. 受访对象应符合以下条件,缺一不可:(1)属于农村户口;(2)目前本人没有开展任何创业活动(未婚)或目前本人及配偶均没有开展任何创业活动(已婚)(3)年龄在16周岁至60周岁之间(包括16周岁和60周岁)。

2. 在回答问卷的问题时,如果有备选项,请在符合受访者情况的选项上打“√”;如果没有备选项,请根据受访者实际情况按问题要求填写;部分题目的备选项请参见帮助文档。

3. 为方便数据整理,请调查员利用下表确认该受访者属于哪一类型:

类　型	没有任何创业意愿	具有在非农领域创业的意愿	具有在农业领域创业的意愿
受访者属于			

A:基本情况(划线的问题请参照表格后的说明填写)

A1 性别	A2 年龄(周岁)	A3 受教育年限	A4 婚否	A5 目前主要做什么工作选项参见2(1)	A6 您累计有多少年从事涉农行业工作的经历	A7 您之前主要从事什么涉农行业(单选)选项参见2(2)
1=男 0=女	____岁	____年	1=是 0=否		____年	
A8 您累计有多少年从事非农工作的经历	A9 您之前主要从事什么非农行业(单选)选项参见2(3)	A10 您曾经担任过管理职务吗?	A11 您曾经担任过营销职务吗?	A12 您曾经担任过技术职务吗?	A13 您曾经担任过财务职务吗?	A14 您曾经担任过生产职务吗?
____年		1=是 0=否	1=是 0=否	1=是 0=否	1=是 0=否	1=是 0=否
A15 您是否掌握某项手艺?	A16 您是否是村干部?	A17 您以前创业过吗?(若没有,请转至A22)	A18 您一共有过几次创业经历?	A19 前后大概合计有多少年?	A20 其中,涉农方面的创业经历有几次?	A21 涉农创业经历大概合计有多少年?
1=是 0=否	1=是 0=否	1=是 0=否	____次	____年	____次	____年
A22 家庭成员曾经有过创业吗?	A23 家庭年收入大约(2011年)	A24 个人年收入大约(2011年)	A25 您家生活水平在当地处于什么水平?____	A26 您家的住房属于____	A27 目前家庭拥有土地数量(包括耕地、林地、水面、草场等)	A28 家人、亲戚中是否有村干部、公务员?

续 表

1=是 0=否	____万元	____万元			总计____亩流转入____亩	1=是 0=否
A29 您是否参加过培训?(若没有,请转至 A**32**)	A30 若参加过,培训的内容包括(多选)	A31 培训时间合计大概有	A32 您是否加入农民专业合作社或专业协会?	A33 家庭人口数量	如有配偶,A34 配偶年龄(周岁)	A35 配偶受教育年限
1=是 0=否		____天	1=是 0=否	总人口____人劳动力____人	____周岁	____年

说明:A25:(1) 大大高于平均水平;(2) 高于平均水平;(3) 平均水平;(4) 低于平均水平;(5) 大大低于平均水平。

A26:(1) 土坯房;(2) 平房;(3) 瓦房;(4) 楼房。

A30:(1) 生产技术类;(2) 市场营销类;(3) 经营管理类;(4) 财务税收类;(5) 其他,请具体写出培训的内容。

B:创业意愿

编号	问 题	选 项
B1	今后几年内有创业的打算?	(1)3 年以内会创业;(2)3 年以后会创业;(3)不会创业(若选择 3,请转至 B8)
B2	若打算创业,您想在哪个领域创业?	(1)农业领域;(2)非农领域
B3	若打算创业,您想采取什么样的组织方式?	(1)个体户;(2)合伙企业;(3)个人独资企业;(4)有限责任公司;(5)其他,请说明________
B4	若打算创业,您的创业目的是?	(1)解决温饱问题;(2)提高生活水平;(3)提高社会地位;(4)实现人生理想;(5)其他________
B5	若打算创业,目前阻碍您创业的最大原因是什么?	(1)害怕失败;(2)没有发现合适的创业机会;(3)缺乏创业所需的资源;(4)亲友反对;(5)其他________
B6	您现在有在为创业存钱吗?	1=是;0=否
B7	您会在平时学习怎么做生意吗?	1=是;0=否

续　表

编号	问　　题	选　　项
B8	若没有创业想法，主要原因？（多选题，限选3项）	(1)家族中没有先例；(2)害怕风险；(3)缺少资金；(4)创业艰辛；(5)其他________
B9	你拥有开创企业的知识经验吗？	1＝是；0＝否
B10	你拥有开创新企业所需的社会资源吗？	1＝是；0＝否

C：感知创业价值（略）

D：创业环境（请受访者选择对下表中每一个题项所述内容的同意程度，共分为五级；不论是否具有创业意愿，都需要回答这部分问题）

编号	题　　项	非常不同意	比较不同意	中立	比较同意	非常同意
D1	本地政府提供了较多的创业项目	1	2	3	4	5
D2	本地政府设有扶持创业的创业基金	1	2	3	4	5
D3	本地政府有鼓励创业的税收、审批、补贴政策	1	2	3	4	5
D4	本地创业可以比较容易地获得金融机构的贷款	1	2	3	4	5
D5	本地创业可以比较容易地获得民间资本的贷款	1	2	3	4	5
D6	本地创业可以比较容易地获得政府贴息的贷款	1	2	3	4	5
D7	本地有创业人才培训项目	1	2	3	4	5
D8	本地有农民技术培训项目	1	2	3	4	5
D9	本地的职业技术教育和再教育体系比较完备	1	2	3	4	5
D10	本地新创办的单位与原有的单位一样能够很快获得新技术	1	2	3	4	5
D11	本地政府鼓励和支持创业者引进和使用新技术	1	2	3	4	5

续 表

编号	题 项	非常不同意	比较不同意	中立	比较同意	非常同意
D12	本地的创业者获得所需技术的成本比较高	1	2	3	4	5
D13	本地交通条件良好,水电等基础设施比较完备	1	2	3	4	5
D14	本地新创办的单位能很快获得水、电、通讯等安装服务	1	2	3	4	5
D15	本地的创业者能负担得起水、电、天然气等费用	1	2	3	4	5
D16	本地有鼓励人们独立和创业的氛围	1	2	3	4	5
D17	本地有鼓励人们承担创业风险的氛围	1	2	3	4	5
D18	本地有鼓励人们通过自身努力获得成功的氛围	1	2	3	4	5
D19	本地有鼓励人们有新的想法和做法的氛围	1	2	3	4	5
D20	在本地,人们会经常谈论创业相关的事情	1	2	3	4	5
D21	新创办单位的产品能比较容易地找到市场	1	2	3	4	5
D22	新创办的组织能负担得起市场进入成本	1	2	3	4	5
D23	新创办的单位能比较容易地进入一个新市场而不受到原有企业的阻碍	1	2	3	4	5
D24	如果我创业,我的家人会支持我	1	2	3	4	5
D25	如果我创业,我的亲戚会支持我	1	2	3	4	5
D26	如果我创业,我的朋友会支持我	1	2	3	4	5
D27	你家距离最近的县城(或大城市)有多少公里?	______公里				
D28	你家距离最近的较大规模的市场有多少公里?	______公里				
D29	本地是否具有一定规模的产业集群?	1=是;0=否				

E：社会资本(不论是否有创业意愿，都请回答这部分问题)(此处略去部分与本书无关的问卷内容)

编号	题　项	选　项				
	在相应数量下打“√”	5人及以下	6～10人	11～20人	21～30人	30人以上
E1	春节期间，您联系密切的亲戚总共有多少人					
E2	春节期间，您联系的亲密朋友总共有多少人					
E3	春节期间，您联系的其他人有多少人					
E4	任村干部的亲朋好友数量					______人
E5	在政府机关任职的亲朋好友数量					______人
E6	在企业中担任管理职务的亲朋好友的数量					______人
E7	在银行、农村信用社等金融机构任职的亲朋好友数量					______人
E8	父母是否曾经或正在创业					1＝是；0＝否

若您有创业的意愿，请回想一下最近您和谁讨论过与之有关的问题？在他们中：

E12	家人、亲戚有多少人	______人
E13	朋友有多少人	______人
E14	其他有多少人	______人

请您在他们中选择对您做出这个决定帮助最大的5位，并回答下面的问题。

	E15 您和他们的关系是： 1. 父母子女夫妻关系 2. 兄弟姊妹关系 3. 好朋友关系 4. 亲戚关系 5. 普通朋友 6. 认识的人 99 不知道/没有回答	E16 性别 1 男 2 女 99 不知道/没有回答	E17 您和他交往的频率如何？ 1. 很少交往 2. 交往不多 3. 一般 4. 交往较多 5. 交往很多 99 不知道/没有回答	E18 您和他的熟悉程度如何？ 1. 很不熟悉 2. 不熟悉 3. 一般 4. 熟悉 5. 很熟悉 99 不知道/没有回答	E19 您和他的亲密程度如何？ 1. 很疏远 2. 疏远 3. 一般 4. 亲密 5. 很亲密 99 不知道/没有回答	E20 您对他的信任程度如何？ 1. 谈不上信任 2. 不太信任 3. 一般 4. 信任 5. 很信任 99 不知道/没有回答

续　表

请您在他们中选择对您做出这个决定帮助最大的5位，并回答下面的问题。						
第①位						
第②位						
第③位						
第④位						
第⑤位						
E23	以上5人之间互相熟悉程度如何？	(1) 互相完全不认识；(2) 有部分互相认识；(3) 互相都认识；(4) 部分人互相熟悉；(5) 互相都很熟悉				

F：个体特质（不论是否有创业意愿，都请回答这部分问题）（此处略去部分与本书无关的问卷内容）

编号	题　项	非常不同意	比较不同意	中立	比较同意	非常同意
F1	我经常会建议用新的方法去达到目标	1	2	3	4	5
F2	我经常会想出新的办法去提高效率	1	2	3	4	5
F3	我经常可以找到新技术、新产品、新市场的信息	1	2	3	4	5
F4	我经常会联想到新方法去提高工作质量	1	2	3	4	5
F5	我会推广新的想法给别人	1	2	3	4	5
F6	我经常会制定适当的计划去实现自己的新想法	1	2	3	4	5
F7	我会尝试用不同的方法去寻找问题的答案	1	2	3	4	5
F16	大多数时候我会选择做一些小风险的事情	1	2	3	4	5
F17	我经常会在大多数人发现有危险的情况下保持镇定	1	2	3	4	5
F18	我经常会很有把握做一些大多数人认为有危险的事情	1	2	3	4	5

续 表

编号	题　项	非常不同意	比较不同意	中立	比较同意	非常同意
F19	为一个可能存在的高收入而承担风险，我会觉得不值得	1	2	3	4	5
F20	如果有项目回报非常高，我会毫不犹豫地将我的钱投进去	1	2	3	4	5
F21	在开发一个新产品或一项新服务来满足顾客方面，您的自信程度为	1	2	3	4	5
F22	在为新产品制定一个有竞争力的价格方面，您的自信程度为	1	2	3	4	5
F23	在和他人建立联系并交换信息方面，您的自信程度为	1	2	3	4	5
F24	在管理人员方面，您的自信程度为	1	2	3	4	5
F25	在管理财务方面，您的自信程度为	1	2	3	4	5

G：创业机会（请具有创业意愿的受访者回答这部分问题）（此处略去部分与本书无关的问卷内容）

编号	题　项	非常不同意	比较不同意	中立	比较同意	非常同意
G1	就算在休假的时候，我也总在想着关于创业的事情	1	2	3	4	5
G2	我会花上一个晚上的时间和人讨论创业的事情	1	2	3	4	5
G3	我在不上班的时间中，总是在考虑有关创业的事情	1	2	3	4	5
G4	您是否发现过创业机会（创业项目）	1＝是；0＝否				

续　表

编号	题　项	非常不同意	比较不同意	中立	比较同意	非常同意
G5	若是，您发现过多少个创业机会？	____个				
G6	请说说您最近发现的一次创业机会（创业项目）					
G7	您认为这个创业项目与已有项目相比好在哪里（多选）	1＝创造了新产品或服务；2＝发现了新地理市场；3＝利用了新的原材料；4＝采用了新的生产方式；5＝采用了新的组织方式				
G8	您发现这个创业机会的方式更接近哪一种	1＝通过深入、系统的调查分析；2＝依靠先前所积累的经验				

H：创业能力（略）

附录2 中国农民创业调查(创业者)

请告诉受访者:"感谢您接受我们的调查。我们保证调查所得数据仅作学习研究之用,不会泄露您的个人信息。"调查结束时,请再次致谢。

问卷编号:______________________________

调查地点:______省(直辖市、自治区)______市(区、县)________乡(镇)________村

受访者姓名:______________________________

受访者电话:______________________________

调查日期:2012年____月____日

调查时间:________点________分至________点________分

调查员:______________________________

调查员电话:______________________________

填写说明:

1. 受访对象应符合以下条件,缺一不可:(1) 属于农村户口;(2) 当前的创业活动开始于2004年之后(包括2004年);(3) 属于自我雇佣;(4) 其创业活动可以在农业领域或非农领域内进行。

2. 在回答问卷的问题时,如果有备选项,请在符合受访者情况的选项上打"√";如果没有备选项,请根据受访者实际情况按问题要求填写。部分题目的备选项请参见帮助文档。

3. 根据对受访者组成结构的要求,请利用下表确认该受访者属于哪一类型:

类　　型	在农业领域内创业	在非农领域内创业
受访者属于		

现在请随着我们的问题回忆您目前这次创业初始的情况,带领我们领略那精彩的创业历程。

A：创业初始情况（此处略去部分与本书无关的问卷内容）

<table>
<tr><th>编号</th><th>题　项</th><th colspan="4">选　　项</th></tr>
<tr><td>A1</td><td>您的创业项目是</td><td colspan="4"></td></tr>
<tr><td>A2</td><td>该项目开始于</td><td colspan="4">________年</td></tr>
<tr><td>A3</td><td>该项目所在地点</td><td colspan="4">1＝本村；2＝本镇（乡）；
3＝本市（县）；4＝本省；5＝外省；</td></tr>
<tr><td>A4</td><td>该项目属于什么领域？</td><td colspan="4">1＝农业领域；0＝非农领域</td></tr>
<tr><td>A5</td><td>若属于农业领域，具体属于哪个行业？选项参见2(2)</td><td colspan="4"></td></tr>
<tr><td>A6</td><td>若属于非农领域，具体属于哪个行业？选项参见2(3)</td><td colspan="4"></td></tr>
<tr><td>A7</td><td>您创业时选择的组织形式</td><td colspan="4">1＝个体户；2＝合伙企业；
3＝个人独资企业；4＝有限责任公司；5＝其他</td></tr>
<tr><td>A8</td><td>创业最初投入了多少资金？</td><td colspan="4">________万元</td></tr>
<tr><td rowspan="4">A9</td><td rowspan="4">创业资金的来源及金额为</td><td>来　源</td><td>金　额
（万元）</td><td>来　源</td><td>金　额
（万元）</td></tr>
<tr><td>1＝自有资金</td><td></td><td>2＝向亲友借贷</td><td></td></tr>
<tr><td>3＝正规金融融资</td><td></td><td>4＝非正规金融融资</td><td></td></tr>
<tr><td>5＝政府补助</td><td></td><td>6＝其他________</td><td></td></tr>
<tr><td>A10</td><td>创业最初的员工数量</td><td colspan="4">________人，其中家人有________人；</td></tr>
<tr><td>A12</td><td>创业第一年用于雇工的费用是</td><td colspan="4">________万元</td></tr>
<tr><td>A13</td><td>创业第一年的销售收入是</td><td colspan="4">________万元</td></tr>
<tr><td>A14</td><td>创业时您预定未来想要达到的销售收入是</td><td colspan="4">________万元</td></tr>
<tr><td>A15</td><td>创业第一年的净利润是</td><td colspan="4">________万元</td></tr>
<tr><td>A17</td><td>创业之初您觉得自己的产品或服务的市场定位是</td><td colspan="4">1＝补缺者；2＝追随者；3＝挑战者</td></tr>
</table>

B：创业时的个人及家庭基本情况（划线的问题请参照表格后的说明填写）

B1 性别	B2 年龄（周岁）	B3 受教育年限	B4 婚否	B5 所在地区	B6 是否是村干部？	B7 是否是党员？
1＝男 0＝女	____岁	____年	1＝是 0＝否	____省____县（市）	1＝是 0＝否	1＝是 0＝否
B8 您在创业前一年的个人收入为	B9 假如您没有创业，则您在创业那一年的预期个人收入大约为	B10 您在创业前一年的家庭收入为	B11 假如您没有创业，则您在创业那一年的预期家庭收入大约为	B12 您家生活水平在当地处于什么水平？（创业前）	B13 创业前家庭拥有的土地数量（包括耕地、林地、水面、草场等）	B14 家庭总人口
____万元	____万元	____万元	____万元		总计__亩 流转入__亩	____人
B15 家庭劳动力数量	B16 您是否加入农民专业合作社或协会	B17 配偶年龄（周岁）（若未婚，转至 C1）	B18 配偶受教育年限	B19 配偶是否与您一起创业		
____人	1＝是 0＝否	______岁	______年	1＝是 0＝否		

说明：B10 中，1＝大大高于平均水平；2＝高于平均水平；3＝平均水平；4＝低于平均水平；5＝大大低于平均水平。

C：创业前的先验经验（划线的问题请参照表格后的说明填写）（此处略去部分与本书无关的问卷内容）

编号	题　　项	选　项
C1	您在创业前正在做什么工作？选项参见 2(1)	
C2	您有多少年从事涉农工作的经历？	______年
C3	您之前主要从事什么涉农行业？选项参见 2(2)	
C4	您有多少年从事非农工作的经历？	______年
C5	您之前主要从事什么非农行业？选项参见 2(3)	
C6	您担任过管理类职务吗？	1＝是；0＝否

续 表

编号	题 项	选 项
C7	您担任过营销类职务吗?	1=是;0=否
C8	您担任过技术类职务吗?	1=是;0=否
C9	您担任过生产类工作吗?	1=是;0=否
C10	在此次创业前,您是否参加过培训?(若没有,请转至C13)	1=是;0=否
C11	如有,培训的内容包括(多选)	
C12	培训时间合计大概有	______天
C13	在此次创业之前,是否拥有创业相关的手艺	1=是;0=否
C17	您以前创业过吗?(若没有,则结束这部分的回答)	1=是;0=否
C18	若有,除了目前这次您一共有过几次创业经历?	______次
C19	前后大概合计有多少年?	______年
C20	其中,涉农方面的创业经历有几次?	______次
C21	涉农创业经历大概合计有多少年?	______年
C22	除了目前这次,您有过几次创业成功的经历?	______次

说明:C11中,1=生产技术类;2=市场营销类;3=经营管理类;4=财务类;5=其他,请具体写出培训的内容。

D:创业时的社会资本(此处略去部分与本书无关的问卷内容)

编号	题 项	选 项				
	在相应数量下打“√”	5人及以下	6~10人	11~20人	21~30人	30人以上
D1	春节期间,您联系密切的亲戚总共有多少人					
D2	春节期间,您联系的亲密朋友总共有多少人					
D3	春节期间,您联系的其他人有多少人					
D4	任村干部的亲朋好友数量	______人				
D5	在政府机关或事业单位任职的亲朋好友数量	______人				
D6	在国有或私营企业中担任管理或技术类职务的亲朋好友的数量	______人				

续 表

D7	在银行、农村信用社任职的亲朋好友数量	______人
D8	父母是否正在创业	1=是;0=否

当您在筹备创立新事业时,您和谁讨论交流过与之相关的问题?在他们中,

D12	家人、亲戚有多少人	______人
D13	朋友有多少人	______人
D14	其他有多少人	______人

请您在他们中选择对您做出这个决定帮助最大的5位,并回答下面的问题。

	D15 您和他们的关系是: 1. 父母子女夫妻关系 2. 兄弟姊妹关系 3. 好朋友关系 4. 亲戚关系 5. 普通朋友 6. 认识的人 99 不知道/没有回答	D16 性别 1 男 2 女 99 不知道/没有回答	D17 您和他交往的频率如何? 1. 很少交往 2. 交往不多 3. 一般 4. 交往较多 5. 交往很多 99 不知道/没有回答	D18 您和他的熟悉程度如何? 1. 很不熟悉 2. 不熟悉 3. 一般 4. 熟悉 5. 很熟悉 99 不知道/没有回答	D19 您和他的亲密程度如何? 1. 很疏远 2. 疏远 3. 一般 4. 亲密 5. 很亲密 99 不知道/没有回答	D20 您对他的信任程度如何? 1. 谈不上信任 2. 不太信任 3. 一般 4. 信任 5. 很信任 99 不知道/没有回答
第①位						
第②位						
第③位						
第④位						
第⑤位						

E:个体特质(此处略去部分与本书无关的问卷内容)

编号	题 项	非常不同意	比较不同意	中立	比较同意	非常同意
E1	我经常会建议用新的方法去达到目标	1	2	3	4	5
E2	我经常会想出新的办法去提高效率	1	2	3	4	5

续 表

编号	题 项	非常不同意	比较不同意	中立	比较同意	非常同意
E3	我经常可以找到新技术、新产品、新市场的信息	1	2	3	4	5
E4	我经常会联想到新方法去提高工作质量	1	2	3	4	5
E5	我会推广新的想法给别人	1	2	3	4	5
E6	我经常会制定适当的计划去实现自己的新想法	1	2	3	4	5
E7	我会尝试用不同的方法去寻找问题的答案	1	2	3	4	5
E16	大多数时候我会选择做一些小风险的事情	1	2	3	4	5
E17	我经常会在大多数人发现有危险的情况下保持镇定	1	2	3	4	5
E18	我经常会很有把握做一些大多数人认为有危险的事情	1	2	3	4	5
E19	为一个可能存在的高收入而承担风险,我会觉得不值得	1	2	3	4	5
E20	如果有项目回报非常高,我会毫不犹豫地将我的钱投进去	1	2	3	4	5
E21	在开发一个新产品或一项新服务来满足顾客方面,您的自信程度为	1	2	3	4	5
E22	在为新产品制定一个有竞争力的价格方面,您的自信程度为	1	2	3	4	5
E23	在和他人建立联系并交换信息方面,您的自信程度为	1	2	3	4	5
E24	在管理人员方面,您的自信程度为	1	2	3	4	5
E25	在管理财务方面,您的自信程度为	1	2	3	4	5

F：创业时的外部环境（此处略去部分与本书无关的问卷内容）

编号	题　项	非常不同意	比较不同意	中立	比较同意	非常同意
F1	本地政府提供了较多的创业项目	1	2	3	4	5
F2	本地政府设有扶持创业的创业基金	1	2	3	4	5
F3	本地政府有鼓励创业的税收、审批、补贴政策	1	2	3	4	5
F4	本地创业可以比较容易地获得金融机构的贷款	1	2	3	4	5
F5	本地创业可以比较容易地获得民间资本的贷款	1	2	3	4	5
F6	本地创业可以比较容易地获得政府贴息的贷款	1	2	3	4	5
F7	本地有创业人才培训项目	1	2	3	4	5
F8	本地有农民技术培训项目	1	2	3	4	5
F9	本地的职业技术教育和再教育体系比较完备	1	2	3	4	5
F10	本地新创办的单位与原有的单位一样能够很快获得新技术	1	2	3	4	5
F11	本地政府鼓励和支持创业者引进和使用新技术	1	2	3	4	5
F12	本地的创业者获得所需技术的成本比较高	1	2	3	4	5
F13	本地交通条件良好，水电等基础设施比较完备	1	2	3	4	5
F14	本地新创办的单位能很快获得水、电、通讯等安装服务	1	2	3	4	5
F15	本地的创业者能负担得起水、电、天然气等费用	1	2	3	4	5
F16	本地有鼓励人们独立和创业的氛围	1	2	3	4	5

续 表

编号	题 项	非常不同意	比较不同意	中立	比较同意	非常同意
F17	本地有鼓励人们承担创业风险的氛围	1	2	3	4	5
F18	本地有鼓励人们通过自身努力获得成功的氛围	1	2	3	4	5
F19	本地有鼓励人们有新的想法和做法的氛围	1	2	3	4	5
F20	在本地，人们会经常谈论创业相关的事情	1	2	3	4	5
F24	新创办单位的产品能比较容易地找到市场	1	2	3	4	5
F25	新创办的组织能负担得起市场进入成本	1	2	3	4	5
F26	新创办的单位能比较容易地进入一个新市场而不受到原有企业的阻碍	1	2	3	4	5
F27	如果我创业，我的家人会支持我	1	2	3	4	5
F28	如果我创业，我的亲戚会支持我	1	2	3	4	5
F29	如果我创业，我的朋友会支持我	1	2	3	4	5
F30	你家距离最近的县城（或大城市）有多少公里？	______公里				
F31	你家距离最近的较大规模的市场有多少公里？	______公里				
F32	本地是否具有一定规模的产业集群？	1＝是；0＝否				

G 和 H 部分（略）

I：创业资源整合（此处略去部分与本书无关的问卷内容）

编号	题　　项	选　　项
I1	对您来说，当年创业时需要哪些重要的资源？（可多选，限选3项）	1＝资金；2＝客户资源；3＝厂房、设备；4＝技术；5＝员工；6＝销售渠道；8＝管理、生产、销售知识；9＝情感支持；10＝各种信息；11＝其他____
I2	当年从您开始筹建到实现第一笔销售大概用了多少时间？	____月
I3	生产技术当时主要通过以下哪种途径获得？	1＝内部自有（例如：个人原有技术、自主开发等） 0＝外部获取（例如：购买技术或专利、政府推广等）
I4	创业第一年您的产品或服务通过创业前就拥有的或者接触过的销售渠道进行销售的收入占销售总收入的比例是	______%
I5	创业第一年您的客户中有多少比例是您创业前的客户	______%
I6	创业第一年您所雇佣的员工中有多少比例是与您在创业前就认识的	______%
I7	你能很容易得到创业所需的土地吗？	1＝是，0＝否
I8	你能很容易得到创业所需的设备吗？	1＝是，0＝否
I9	你具有管理新创事业、制定目标、计算盈亏的能力吗？	1＝是，0＝否

现在让我们把注意力转移到当前，请根据您目前的情况回答下面的问题。

J：创业绩效（划线的问题请参照表格后的说明填写）（此处略去部分与本书无关的问卷内容）

J1 年龄（周岁）	J2 受教育年限	J3 婚否	J4 创业期间是否参加过培训	J5 创业期间培训时间大概有
____岁	____年	1＝是；0＝否	1＝是；0＝否	____天
J6 个人收入（2011年）为	J7 家庭总收入（2011年）为	<u>J8 您家生活水平在当地处于什么水平？</u>	J9 您的创业项目2011年实现销售收入为	J10 您的创业项目2011年实现净利润为
____万元	____万元		____万元	____万元

续 表

J11 目前您的员工数量	J12 其中,家人有	J14 2011 年您雇佣员工的费用是		
______人	____人	____万元		

编号	题 项	非常不同意	比较不同意	中立	比较同意	非常同意
J20	所创事业没有碰到财务困境	1	2	3	4	5
J21	所创事业整体运营情况良好	1	2	3	4	5
J22	所创事业盈利状况很好	1	2	3	4	5
J23	所创事业规模扩大很快	1	2	3	4	5
J24	实现了当初创业前的设想目标	1	2	3	4	5
J25	个人收入比创业前有大的提高	1	2	3	4	5
J26	家庭收入比创业前有大的提高	1	2	3	4	5
J27	生活水平比创业前有大的提高	1	2	3	4	5
J28	社会地位比创业前有大的提高	1	2	3	4	5
J29	您对自己职业(创业者)的满意程度	1	2	3	4	5
J30	您对自己目前收入的满意程度	1	2	3	4	5

说明:J8 中,1=大大高于平均水平;2=高于平均水平;3=平均水平;4=低于平均水平;5=大大低于平均水平。

K:创业能力(略)

附录 3　主观性变量测量量表信度与探索性因子分析检验结果

1. 非创业者样本

所测潜变量	量表题项数	克朗巴哈 α 系数	特征根值	累计方差解释率(%)	巴特利特球形检验 P 值	KMO 检验
风险态度	5	0.889	3.468	69.36	0.000	0.850
过分自信	5	0.827	2.957	59.15	0.000	0.809
融资环境宽松性	3	0.880	2.418	80.61	0.000	0.740
教育环境宽松性	3	0.878	2.411	80.35	0.000	0.743
技术环境宽松性	3	0.853	2.319	77.31	0.000	0.722
政策环境宽松性	3	0.868	2.374	79.14	0.000	0.736
基础设施环境宽松性	3	0.871	2.387	79.56	0.000	0.730
社会文化环境宽松性	5	0.909	3.674	73.47	0.000	0.889
市场环境宽松性	3	0.865	2.362	78.75	0.000	0.735
亲友支持度	3	0.905	2.523	84.11	0.000	0.730
创新性特质	7	0.876	4.028	57.54	0.000	0.871
创业警觉	3	0.910	2.541	84.71	0.000	0.752

2. 创业者样本

所测潜变量	量表题项数	克朗巴哈 α 系数	特征根值	累计方差解释率(%)	巴特利特球形检验 P 值	KMO 检验
融资环境宽松性	3	0.845	2.294	76.47	0.000	0.681
教育环境宽松性	3	0.878	2.414	80.48	0.000	0.720
技术环境宽松性	3	0.878	2.414	80.46	0.000	0.736
政策环境宽松性	3	0.912	2.549	84.98	0.000	0.755
基础设施环境宽松性	3	0.881	2.421	80.72	0.000	0.744
社会文化环境宽松性	5	0.925	3.846	76.92	0.000	0.880
市场环境宽松性	3	0.821	2.213	73.76	0.000	0.702
创新性特质	7	0.896	4.321	61.73	0.000	0.865

参考文献

[1] Acs, Z. J. & Audretsch, D. B. *Introduction to the 2nd Edition of the Handbook of Entrepreneurship Research*. New York: Springer Science+Business Media, 2010: 1 – 19.

[2] Acs, Z. J. & Audretsch, D. B. *Introduction to the Handbook of Entrepreneurship Research*. London: Kluwer Academic Publishers, 2003: 3 – 20.

[3] Ajzen, I. The Theory of Planned Behavior. *Organizational Behavior and Human Decision Processes*, 1991, 50(2): 179 – 211.

[4] Ajzen, I. & Madden, T. J. Prediction of Goal-Directed Behavior: Attitudes, Intentions, and Perceived Behavioral Control. *Journal of Experimental Social Psychology*, 1986, 22(5): 453 – 474.

[5] Aldrich, H. E. *Organizations and Environments*. Englewood Cliffs: Prentice-Hall, 1979.

[6] Aldrich, H. E. & Baker, T. *Blinded by the Cites? Has there Been Progress in Entrepreneurship Research*. Chicago: Upstart Publishing, 1997: 377 – 400.

[7] Aldrich, H. E. & Martinez, M. A. Many are Called, but Few are Chosen: An Evolutionary Perspective for the Study of Entrepreneurship. *Entrepreneurship Theory and Practice*, 2001, 25(4): 41 – 56.

[8] Aldrich, H. E. & Pfeffer, J. Environments of Organizations. *Annual Review of Sociology*, 1976(2): 79 – 105.

[9] Alvarez, S. A. & Busenitz, L. W. The Entrepreneurship of Resource-Based Theory. *Journal of Management*, 2001, 27(6): 755－775.

[10] Ardichvili, A. & Cardozo, R. N. A Model of the Entrepreneurial Opportunity Recognition Process. *Journal of Enterprising Culture*, 2000, 8(2): 103－119.

[11] Ardichvili, A., Cardozo, R. & Ray, S. A Theory of Entrepreneurial Opportunity Identification and Development. *Journal of Business Venturing*, 2003, 18(1): 105－123.

[12] Austin, J. Stevenson, H. & Wei Skillern, J. Social and Commercial Entrepreneurship: Same, Different, Or Both? *Entrepreneurship Theory and practice*, 2006, 30(1): 1－22.

[13] Baker, T. Resources in Play: Bricolage in the Toy Store (Y). *Journal of Business Venturing*, 2007, 22(5): 694－711.

[14] Baker, T. & Nelson, R. E. Creating Something From Nothing: Resource Construction through Entrepreneurial Bricolage. *Administrative Science Quarterly*, 2005, 50(3): 329－366.

[15] Bandura, A. *Social Foundations of Thought and Action: A Social Cognitive Theory*. Englewood Cliffs: Prentice-Hall, 1986.

[16] Barbosa, S. D., Gerhardt, M. W. & Kickul, J. R. The Role of Cognitive Style and Risk Preference on Entrepreneurial Self-efficacy and Entrepreneurial Intentions. *Journal of Leadership & Organizational Studies*, 2007, 13(4): 86－104.

[17] Barney, J. Firm Resources and Sustained Competitive Advantage. *Journal of Management*, 1991, 17(1): 99－120.

[18] Baron, R. A. Cognitive Mechanisms in Entrepreneurship: Why and When Entrepreneurs Think Differently than Other People. *Journal of Business Venturing*, 1998, 13(4): 275－294.

[19] Baron, R. A. Potential Benefits of the Cognitive Perspective: Expanding Entrepreneurship's Array of Conceptual Tools. *Journal of Business Venturing*, 2004b, 19(2): 169－172.

[20] Baron, R. A. The Cognitive Perspective: A Valuable Tool for Answering Entrepreneurship's Basic "Why" Questions. *Journal of Business Venturing*, 2004, 19(2): 221-239.

[21] Beckman, C. M., Burton, M. D. & O'Reilly, C. Early Teams: The Impact of Team Demography On Vc Financing and Going Public. *Journal of Business Venturing*, 2007, 22(2): 147-173.

[22] Begley, T. M. & Boyd, D. P. Psychological Characteristics Associated with Performance in Entrepreneurial Firms and Smaller Businesses. *Journal of Business Venturing*, 1987, 2(1): 79-93.

[23] Bird, B. Implementing Entrepreneurial Ideas: The Case for Intention. *Academy of Management Review*, 1988, 13(3): 442-453.

[24] Bird, B. & Brush, C. A Gendered Perspective on Organizational Creation. *Entrepreneurship Theory and Practice*, 2002, 26(3): 41-65.

[25] Birley, S. The Role of Networks in the Entrepreneurial Process. *Journal of Business Venturing*, 1985, 1(1): 107-117.

[26] Black, S. E. & Strahan, P. E. Entrepreneurship and Bank Credit Availability. *The Journal of Finance*, 2002, 57(6): 2807-2833.

[27] Blanchflower, D. G. Self-employment in Oecd Countries. *Labour Economics*, 2000, 7(5): 471-505.

[28] Blanchflower, D. G. & Meyer, B. D. A Longitudinal Analysis of the Young Self-Employed in Australia and the United States. *Small Business Economics*, 1994, 6(1): 1-19.

[29] Borland, C. M. Locus of Control, Need for Achievement and Entrepreneurship, University of Texas, 1975.

[30] Bourdieu, P. *The Forms of Capital*. Westport: Greenwood Press, 1986: 241-258.

[31] Boyd, N. G. & Vozikis, G. S. The Influence of Self-Efficacy on the Development of Entrepreneurial Intentions and Actions. *Entrepreneurship Theory and Practice*, 1994, 18(4): 63-78.

[32] Brazeal, D. V. Organizing for Internally Developed Corporate

Ventures. *Journal of Business Venturing*, 1993, 8(1): 75 - 90.

[33] Brockhaus Sr., R. H. Locus of Control Scores as Predictors of Entrepreneurial Intentions. *Proceedings of the Academy of Management*, 1975(35): 433 - 435.

[34] Brockhaus Sr., R. H. Risk Taking Propensity of Entrepreneurs. *Academy of Management Journal*, 1980, 23(3): 509 - 520.

[35] Brüderl, J. & Preisendörfer, P. Network Support and the Success of Newly Founded Business. *Small Business Economics*, 1998, 10 (3): 213 -225.

[36] Bruno, A. V. & Tyebjee, T. T. The Environment for Entrepreneurship. *Encyclopedia of Entrepreneurship*, 1982(2): 288 - 315.

[37] Brush, C. G. & Vanderwerf, P. A. A Comparison of Methods and Sources for Obtaining Estimates of New Venture Performance. *Journal of Business Venturing*, 1992, 7(2): 157 - 170.

[38] Brush, C. G., Greene, P. G., Hart, M. M. & Haller, H. S. From Initial Idea to Unique Advantage: The Entrepreneurial Challenge of Constructing a Resource Base. *The Academy of Management Executive (1993—2005)*, 2001, 15(1): 64 - 80.

[39] Bruyat, C. & Julien, P. A. Defining the Field of Research in Entrepreneurship. *Journal of Business Venturing*, 2001, 16(2): 165 - 180.

[40] Burt, R. S. Network Items and the General Social Survey. *Social Networks*, 1984, 6(4): 293 - 339.

[41] Burt, R. S. *Structural Holes: The Social Structure of Competition*. Cambridge: Harvard University Press, 1992.

[42] Burton, M. D., Sørensen, J. B. & Beckman, C. M. Coming From Good Stock: Career Histories and New Venture Formation. *Social Structure and Organizations Revisited*, 2002(19): 229 - 262.

[43] Busenitz, L. W. & Barney, J. B. Differences Between Entrepreneurs and Managers in Large Organizations: Biases and Heuristics in Strategic Decision-Making. *Journal of Business Venturing*, 1997, 12(1): 9 - 30.

[44] Busenitz, L. W. , West, G. P. & Shepherd, D. et al. Entrepreneurship Research in Emergence: Past Trends and Future Directions. *Journal of Management*, 2003, 29(3): 285 - 308.

[45] Bygrave, W. D. & Hofer, C. W. Theorizing About Entrepreneurship. *Entrepreneurship Theory and Practice*, 1991, 16(2): 13 - 22.

[46] Camerer, C. & Lovallo, D. Overconfidence and Excess Entry: An Experimental Approach. *The American Economic Review*, 1999, 89(1): 306 -318.

[47] Cantillon, R. *The Circulation and Exchange of Good and Merchandise*. Hants: Edward Elgar Publishing Ltd. , 1990: 5 - 10.

[48] Carr, J. C. & Sequeira, J. M. Prior Family Business Exposure as Intergenerational Influence and Entrepreneurial Intent: A Theory of Planned Behavior Approach. *Journal of Business Research*, 2007, 60(10): 1090 - 1098.

[49] Casson, M. *The Entrepreneur: An Economic Theory*. Lanham: Rowman & Littlefield Pub Inc. , 1982.

[50] Chandler, G. N. & Hanks, S. H. Market Attractiveness, Resource-Based Capabilities, Venture Strategies, and Venture Performance. *Journal of Business Venturing*, 1994, 9(4): 331 - 349.

[51] Chandler, G. N. & Lyon, D. W. Issues of Research Design and Construct Measurement in Entrepreneurship Research: The Past Decade. *Entrepreneurship Theory and Practice*, 2001, 25(4): 101 - 113.

[52] Chen, C. C. , Greene, P. G. & Crick, A. Does Entrepreneurial Self-Efficacy Distinguish Entrepreneurs From Managers?. *Journal of Business Venturing*, 1998, 13(4): 295 - 316.

[53] Child, J. Organizational Structure, Environment and Performance: The Role of Strategic Choice. *Sociology*, 1972, 6(1): 1 - 22.

[54] Chrisman, J. J. , Bauerschmidt, A. & Hofer, C. W. The Determinants of New Venture Performance: An Extended Model. *Entrepreneurship Theory and Practice*, 1998(23): 5 - 30.

[55] Churchill, N. C. & Lewis, V. L. The Five Stages of Small Business Growth. *Long Range Planning*, 1987, 20(3): 30 - 50.

[56] Churchill, N. C., & Muzyka, D. F. *Defining and Conceptualizing Entrepreneurship: A Process Approach*. Westport: Quorum Books, 1994: 11 - 23.

[57] Cohen, W. M. & Levinthal, D. A. Absorptive Capacity: A New Perspective on Learning and Innovation. *Administrative Science Quarterly*, 1990, 35(1): 128 - 152.

[58] Coleman, J. S. *Foundations of Social Theory*. Cambridge: Harvard University Press, 1990.

[59] Coleman, J. S. Social Capital in the Creation of Human Capital. *American Journal of Sociology*, 1988(94): 95 - 120.

[60] Connelly, B. L., Ireland, R. D. & Reutzel, C. R. et al. The Power and Effects of Entrepreneurship Research. *Entrepreneurship Theory and Practice*, 2010, 34(1): 131 - 149.

[61] Cooper, A. C., Gimeno-Gascon, F. J. & Woo, C. Y. Initial Human and Financial Capital as Predictors of New Venture Performance. *Journal of Business Venturing*, 1994, 9(5): 371 - 395.

[62] Cooper, A. *Entrepreneurship: The Past, the Present, the Future*. London: Kluwer Academic Publishers, 2003: 21 - 34.

[63] Cope, J. Toward a Dynamic Learning Perspective of Entrepreneurship. *Entrepreneurship Theory and Practice*, 2005, 29(4): 373 - 397.

[64] Covin, J. G. & Covin, T. J. Competitive Aggressiveness, Environmental Context, and Small Firm Performance. *Entrepreneurship: Theory and Practice*, 1990, 14(4): 35 - 50.

[65] Covin, J. G. & Slevin, D. P. A Conceptual Model of Entrepreneurship as Firm Behavior. *Entrepreneurship Theory and Practice*, 1991, 16(1): 7 - 25.

[66] Covin, J. G. & Slevin, D. P. Strategic Management of Small Firms in Hostile and Benign Environments. *Strategic Management Journal*, 1989, 10(1): 75 - 87.

[67] Cromie, S. & Johns, S. Irish Entrepreneurs: Some Personal Characteristics. *Journal of Occupational Behavior*, 1983(4): 317 - 324.

[68] Cullen, J. B. & Gordon, R. H. Taxes and Entrepreneurial Activity: Theory and Evidence for the Us. *NBER Working Paper Series*, 2002, No. 9015.

[69] Davidson, P. Is Probability Theory Relevant for Uncertainty? A Post Keynesian Perspective. *The Journal of Economic Perspectives*, 1991, 5(1): 129 - 143.

[70] Davidsson, P. & Honig, B. The Role of Social and Human Capital Among Nascent Entrepreneurs. *Journal of Business Venturing*, 2003, 18(3): 301 - 331.

[71] Davidsson, P. & Wiklund, J. Levels of Analysis in Entrepreneurship Research: Current Research Practice and Suggestions for the Future. Entrepreneurship Theory & Practice, 2001, 25(4): 81 - 100.

[72] De Noble, A. F., Jung, D. & Ehrlich, S. B. *Entrepreneurial Self-efficacy: The Development of a Measure and its Relationship to Entrepreneurial Action*. Frontiers of Entrepreneurship Research. Waltham: P&R Publication, 1999, 73 - 87.

[73] Dean, T. J. & Meyer, G. D. Industry Environments and New Venture Formations in Us Manufacturing: A Conceptual and Empirical Analysis of Demand Determinants. *Journal of Business Venturing*, 1996, 11(2): 107 - 132.

[74] Delacroix, J. & Carroll, G. R. Organizational Foundings: An Ecological Study of the Newspaper Industries of Argentina and Ireland. *Administrative Science Quarterly*, 1983(28): 274 - 291.

[75] Delmar, F. & Shane, S. Does Experience Matter? The Effect of Founding Team Experience On the Survival and Sales of Newly Founded Ventures. *Strategic Organization*, 2006, 4(3): 215 - 247.

[76] Dess, G. G. & Beard, D. W. Dimensions of Organizational Task Environments. *Administrative Science Quarterly*, 1984, 29(1): 52 - 73.

[77] Dollinger, M. J. Environmental Contacts and Financial Performance of the Small Firm. *Journal of Small Business Management*, 1985, 23(1): 24 - 30.

[78] Dollinger, M. J. Use of Budner's Intolerance of Ambiguity Measure for Entrepreneurial Research. *Psychological Reports*, 1983, 53 (3): 1019 - 1021.

[79] Dubin, R. *Theory Building*. New York: Free Press, 1978.

[80] Duchesneau, D. A. & Gartner, W. B. A Profile of New Venture Success and Failure in an Emerging Industry. *Journal of Business Venturing*, 1990, 5(5): 297 - 312.

[81] Duncan, R. B. Characteristics of Organizational Environments and Perceived Environmental Uncertainty. *Administrative Science Quarterly*, 1972, 17(3): 313 - 327.

[82] Dutton, J. E. & Jackson, S. E. Categorizing Strategic Issues: Links to Organizational Action. *Academy of Management Review*, 1987, 12(1): 76 - 90.

[83] Eckhardt, J. T. & Shane, S. A. Opportunities and Entrepreneurship. *Journal of Management*, 2003, 29(3): 333 - 349.

[84] Endres, A. M. & Woods, C. R. Modern Theories of Entrepreneurial Behavior: A Comparison and Appraisal. *Small Business Economics*, 2006, 26(2): 189 - 202.

[85] Evans, D. S. & Jovanovic, B. An Estimated Model of Entrepreneurial Choice Under Liquidity Constraints. *The Journal of Political Economy*, 1989, 97(4): 808 - 827.

[86] Firkin, P. *Entrepreneurial Capital: A Resource-Based Conceptualization of the Entrepreneurial Process*. Auckland: Labour Market Dynamics Research Programme, Massey University, 2001.

[87] Forbes, D. P. Are Some Entrepreneurs More Overconfident than Others? *Journal of Business Venturing*, 2005a, 20(5): 623 - 640.

[88] Forbes, D. P. The Effects of Strategic Decision Making On Entrepreneurial Self-efficacy. *Entrepreneurship Theory and Practice*,

2005b, 29(5): 599 - 626.

[89] Gaglio, C. M. & Katz, J. A. The Psychological Basis of Opportunity Identification: Entrepreneurial Alertness. *Small Business Economics*, 2001, 16(2): 95 - 111.

[90] Gaglio, C. M. & Taub, R. P. Entrepreneurs and Opportunity Recognition. *Frontiers of Entrepreneurship Research*, 1992: 136 - 147.

[91] Gartner, W. B. A Conceptual Framework for Describing the Phenomenon of New Venture Creation. *Academy of Management Review*, 1985, 10(4): 696 - 706.

[92] Gartner, W. B. Is there an Elephant in Entrepreneurship? Blind Assumptions in Theory Development. *Entrepreneurship Theory and Practice*, 2001, 25(4): 27 - 39.

[93] Gartner, W. B. Some Suggestions for Research on Entrepreneurial Traits and Characteristics. *Entrepreneurship Theory and Practice*, 1989, 14(1): 27 - 37.

[94] Gartner, W. B. Who Is an Entrepreneur? Is the Wrong Question. *American Journal of Small Business*, 1988, 12(4): 11 - 32.

[95] Gibb, A. & Davies, L. In Pursuit of Frameworks for the Development of Growth Models of the Small Business. *International Small Business Journal*, 1990, 9(1): 15 - 31.

[96] Gilad, B. On Encouraging Entrepreneurship: An Interdisciplinary Analysis. *Journal of Behavioral Economics*, 1982, 11(1): 132 - 163.

[97] Gilbert, B. A., McDougall, P. P. & Audretsch, D. B. New Venture Growth: A Review and Extension. *Journal of Management*, 2006, 32(6): 926 - 950.

[98] Gnyawali, D. R. & Fogel, D. S. Environments for Entrepreneurship Development: Key Dimensions and Research Implications. *Entrepreneurship Theory and Practice*, 1994(18): 43.

[99] Gopalakrishnan, S. Unraveling the Links Between Dimensions of Innovation and Organizational Performance. *The Journal of High Technology*

Management Research, 2000, 11(1): 137 - 153.

[100] Granovetter, M. Economic Action and Social Structure: The Problem of Embeddedness. American Journal of Sociology, 1985, 3(91): 481 - 510.

[101] Granovetter, M. S. The Strength of Weak Ties. *American Journal of Sociology*, 1973, 78(6): 1360 - 1380.

[102] Greve, A. & Salaff, J. W. Social Networks and Entrepreneurship. *Entrepreneurship Theory and Practice*, 2003, 28(1): 1 - 22.

[103] Grundstén, H. Entrepreneurial Intentions and the Entrepreneurial Environment, *Helsinki University of Technology*, 2004.

[104] Haber, S. & Reichel, A. Identifying Performance Measures of Small Ventures-the Case of the Tourism Industry. *Journal of Small Business Management*, 2005, 43(3): 257 - 286.

[105] Haber, S. & Reichel, A. The Cumulative Nature of the Entrepreneurial Process: The Contribution of Human Capital, Planning and Environment Resources to Small Venture Performance. *Journal of Business Venturing*, 2007, 22(1): 119 - 145.

[106] Hanks, S. H., Watson, C. J. & Jansen, E. Tightening the Life-Cycle Construct: A Taxonomic Study of Growth Stage Configurations in High-Technology Organizations. *Entrepreneurship Theory and Practice*, 1993, 28: 5 - 29.

[107] Hansen, E. L. Entrepreneurial Networks and New Organization Growth. *Entrepreneurship Theory and Practice*, 1995, 19(4): 7 - 19.

[108] Hansen, E. L. *Resource Acquisition as a Startup Process: Initial Stocks of Social Capital and Organizational Foundings*. Babson Park: Babson College Press, 2000.

[109] Hansen, E. L. Structure and Process in Entrepreneurial Networks as Partial Determinants of Initial New Venture Growth. *Frontiers of Entrepreneurship Research*, 1991: 320 - 334.

[110] Hausman, J. & McFadden, D. Specification Tests for the

Multinomial Logit Model. *Econometrica: Journal of the Econometric Society*, 1984, 52(5): 1219-1240.

[111] Hayek, F. A. The Use of Knowledge in Society. *The American Economic Review*, 1945, 35(4): 519-530.

[112] Hayward, M. L. A., Shepherd, D. A. & Griffin, D. A Hubris Theory of Entrepreneurship. *Management Science*, 2006, 52(2): 160-172.

[113] Heirman, A. & Clarysse, B. Do Intangible Assets and Pre-Founding R&D Efforts Matter for Innovation Speed in Start-Ups?. *Proceedings of the* 2004 *Babson-Kauffman Research Conference*, 2004.

[114] Hills, G. E. & Singh, R. P. *Opportunity Recognition*. Thousand Oaks: Sage Publications, 2004: 259-272.

[115] Hills, G. E., Lumpkin, G. T. & Singh, R. P. *Opportunity Recognition: Perceptions and Behaviors of Entrepreneurs*. Wellesley: Babson College, 1997: 168-182.

[116] Hills, G. E., Shrader, R. C. & Lumpkin, G. T. *Opportunity Recognition as a Creative Process*. Wellesley: Babson College, 1999: 216-227.

[117] Hmieleski, K. M. & Baron, R. A. Entrepreneurs' Optimism and New Venture Performance: A Social Cognitive Perspective. *The Academy of Management Journal Archive*, 2009, 52(3): 473-488.

[118] Hmieleski, K. M. & Corbett, A. C. The Contrasting Interaction Effects of Improvisational Behavior with Entrepreneurial Self-efficacy on New Venture Performance and Entrepreneur Work Satisfaction. *Journal of Business Venturing*, 2008, 23(4): 482-496.

[119] Hoang, H. & Antoncic, B. Network-Based Research in Entrepreneurship: A Critical Review. *Journal of business venturing*, 2003, 18(2): 165-187.

[120] Honig, B., Davidsson, P. & Karlsson, T. Learning Strategies of Nascent Entrepreneurs. Research in Competence-based Management, 2005, 1(3): 67-88.

［121］Hornaday，J. A. & Aboud，J. Characteristics of Successful Entrepreneurs. *Personnel Psychology*，1971，24(2)：141－153.

［122］Hsu，D. H. Experienced Entrepreneurial Founders，Organizational Capital，and Venture Capital Funding. *Research Policy*，2007，36(5)：722－741.

［123］Hwang，K. Face and Favor：The Chinese Power Game. *American Journal of Sociology*，1987，92(4)：944－974.

［124］Johnson，B. R. Toward a Multidimensional Model of Entrepreneurship：The Case of Achievement Motivation and the Entrepreneur. *Entrepreneurship Theory and Practice*，1990，14(3)：39－54.

［125］Julien，P. & Vaghely，I. From Weak Signals to Decision Making：Information Acquisition and Use as the Entrepreneur's Source of Opportunities，Trois-Riveres：University of Quebec，2001.

［126］Kaish，S. & Gilad，B. Characteristics of Opportunities Search of Entrepreneurs Versus Executives：Sources，Interests，General Alertness. *Journal of Business Venturing*，1991，6(1)：45－61.

［127］Katz，J. & Gartner，W. B. Properties of Emerging Organizations. *The Academy of Management Review*，1988，13(3)：429－442.

［128］Kaushik，S. K.，Kaushik，S. & Kaushik，S. How Higher Education in Rural India Helps Human Rights and Entrepreneurship. *Journal of Asian Economics*，2006，17(1)：29－34.

［129］Kirzner，I. M. *Competition and Entrepreneurship*. Chicago：University of Chicago Press，1973.

［130］Kirzner，I. M. Entrepreneurial Discovery and the Competitive Market Process：An Austrian Approach. *Journal of Economic Literature*，1997，35(1)：60－85.

［131］Kirzner，I. M. *Perception，Opportunity，and Profit：Studies in the Theory of Entrepreneurship*. Chicago：University of Chicago Press，1983.

［132］Klapper，L.，Laeven，L. & Rajan，R. Entry Regulation as a Barrier to Entrepreneurship. *Journal of Financial Economics*，2006，82(3)：591－629.

[133] Knight, F. H. *Risk, Uncertainty and Profit*. New York: Houghton Mifflin, 1921.

[134] Ko, S. & Butler, J. E. Alertness, Bisociative Thinking Ability, and Discovery of Entrepreneurial Opportunities in Asian Hi-Tech Firms. Frontiers of Entrepreneurship Research. Babson: Babson College, 2003, 421 - 429.

[135] Koellinger, P., Minniti, M. & Schade, C. "I Think I Can, I Think I Can": Overconfidence and Entrepreneurial Behavior. *Journal of Economic Psychology*, 2007, 28(4): 502 - 527.

[136] Kolvereid, L. & Isaksen, E. New Business Start-up and Subsequent Entry Into Self-Employment. *Journal of Business Venturing*, 2006, 21(6): 866 - 885.

[137] Krackhardt, D. *The Strength of Strong Ties: The Importance of Philos in Organizations*. Boston: Harvard Business School Press, 1992: 216 - 239.

[138] Krueger Jr., N. F. The Impact of Prior Entrepreneurial Exposure on Perceptions of New Venture Feasibility and Desirability. *Entrepreneurship Theory and Practice*, 1993, 18(1): 5 - 21.

[139] Krueger Jr., N. F. & Brazeal, D. V. Entrepreneurial Potential and Potential Entrepreneurs. *Entrepreneurship Theory and Practice*, 1994, 18: 91.

[140] Krueger Jr., N. F., Reilly, M. D. & Carsrud, A. L. Competing Models of Entrepreneurial Intentions. *Journal of Business Venturing*, 2000, 15(5—6): 411 - 432.

[141] Larson, A. & Starr, J. A. A Network Model of Organization Formation. *Entrepreneurship Theory and Practice*, 1993, 17(2): 5 - 15.

[142] Lichtenstein, B. M. B. & Brush, C. G. How Do "Resource Bundles" Develop and Change in New Ventures? A Dynamic Model and Longitudinal Exploration. *Entrepreneurship Theory and Practice*, 2001, 25(3): 37.

[143] Lin, N. *Social Capital: A Theory of Social Structure and Action*. New York: Cambridge University Press, 2001.

[144] Lippitt, G. L. & Schmidt, W. H. Crises in a Developing Organization. *Harvard Business Review*, 1967, 45(6): 102-112.

[145] Litzinger, W. D. Entrepreneurial Prototype in Bank Management: A Comparative Study of Branch Bank Managers. *The Academy of Management Journal*, 1963, 6(1): 36-45.

[146] Low, M. B. The Adolescence of Entrepreneurship Research: Specification of Purpose. *Entrepreneurship Theory and Practice*, 2001, 25(4): 17-26.

[147] Low, M. B. & MacMillan, I. C. Entrepreneurship: Past Research and Future Challenges. *Journal of Management*, 1988, 14(2): 139-161.

[148] Lumpkin, G. T. & Dess, G. G. Clarifying the Entrepreneurial Orientation Construct and Linking It to Performance. *Academy of Management Review*, 1996, 21(1): 135-172.

[149] Lumpkin, G. T. & Dess, G. G. Linking Two Dimensions of Entrepreneurial Orientation to Firm Performance: The Moderating Role of Environment and Industry Life Cycle. *Journal of Business Venturing*, 2001, 16(5): 429-451.

[150] Lüthje, C. & Franke, N. The "Making" of an Entrepreneur: Testing a Model of Entrepreneurial Intent Among Engineering Students at MIT. *R & D Management*, 2003, 33(2): 135-147.

[151] Markman, G. D., Balkin, D. B. & Baron, R. A. Inventors and New Venture Formation: The Effects of General Self-efficacy and Regretful Thinking. *Entrepreneurship Theory and Practice*, 2002, 27(2): 149-165.

[152] Markman, G. D., Baron, R. A. & Balkin, D. B. Are Perseverance and Self-Efficacy Costless? Assessing Entrepreneurs' Regretful Thinking. *Journal of Organizational Behavior*, 2005, 26(1): 1-19.

[153] Marsden, P. V. & Campbell, K. E. Measuring Tie Strength.

Social forces, 1984, 63(2): 482 - 501.

[154] McClelland, D. C. *The Achieving Society*. Princeton: Van Nostrand, 1961.

[155] McGee, J. E., Peterson, M. & Mueller, S. L. Entrepreneurial Self-Efficacy: Refining the Measure. *Entrepreneurship Theory and Practice*, 2009, 33(4): 965 - 988.

[156] McGrath, R. G. Exploratory Learning, Innovative Capacity, and Managerial Oversight. *Academy of Management Journal*, 2001, 44 (1): 118 - 131.

[157] Meccheri, N. & Pelloni, G. Rural Entrepreneurs and Institutional Assistance: An Empirical Study From Mountainous Italy. *Entrepreneurship and Regional Development*, 2006, 18(5): 371 - 392.

[158] Meyer, H. H., Walker, W. B. & Litwin, G. H. Motive Patterns and Risk Preferences Associated with Entrepreneurship. *The Journal of Abnormal and Social Psychology*, 1961, 63(3): 570 - 574.

[159] Miller, D. The Correlates of Entrepreneurship in Three Types of Firms. *Management Science*, 1983, 29(7): 770 - 791.

[160] Mitchell, R. K., Busenitz, L. W., & Bird, B. et al. The Central Question in Entrepreneurial Cognition Research 2007. *Entrepreneurship Theory and Practice*, 2007, 31(1): 1 - 27.

[161] Mitchell, R. K., Busenitz, L., Lant, T. & McDougall, P. P. et al. Toward a Theory of Entrepreneurial Cognition: Rethinking the People Side of Entrepreneurship Research. *Entrepreneurship Theory and Practice*, 2002, 27(2): 93 - 104.

[162] Mohapatra, S., Rozelle, S., & Goodhue, R. The Rise of Self-Employment in Rural China: Development or Distress?. *World Development*, 2007, 35(1): 163 - 181.

[163] Moore, G. Structural Determinants of Men's and Women's Personal Networks. *American Sociological Review*, 1990, 55(5): 726 - 735.

[164] Murphy, G. B., Trailer, J. W. & Hill, R. C. Measuring

Performance in Entrepreneurship Research. *Journal of Business Research*, 1996, 36(1): 15 - 23.

[165] Murray, H. A. *Explorations in Personality*. New York: Oxford University Press, 1938.

[166] Nahapiet, J. & Ghoshal, S. Social Capital, Intellectual Capital, and the Organizational Advantage. *Academy of Management Review*, 1998: 242 - 266.

[167] Nelson, R. R. & Winter, S. G. *An Evolutionary Theory of Economic Change*. Cambridge: Belknap Press, 1982.

[168] Orser, B. J., Riding, A. L. & Manley, K. Women Entrepreneurs and Financial Capital. *Entrepreneurship Theory and Practice*, 2006, 30(5): 643 - 665.

[169] Penrose, E. T. *Theory of the Growth of the Firm*. New York: J. Wiley & Sons, 1959.

[170] Pfeffer, J. & Salancik, G. *The External Control of Organizations: A Resource Dependence Perspective*. New York: Harper & Row, 1978.

[171] Politis, D. The Process of Entrepreneurial Learning: A Conceptual Framework. *Entrepreneurship Theory and Practice*, 2005, 29(4): 399 - 424.

[172] Porter, M. E. *Competitive Strategy: Techniques for Analyzing Industries and Competitors*. New York: Free Press, 1980.

[173] Powers, J. B. & McDougall, P. P. University Start-up Formation and Technology Licensing with Firms that Go Public: A Resource-Based View of Academic Entrepreneurship. *Journal of Business Venturing*, 2005, 20(3): 291 - 311.

[174] Quinn, R. E. & Cameron, K. Organizational Life Cycles and Shifting Criteria of Effectiveness: Some Preliminary Evidence. *Management Science*, 1983: 33 - 51.

[175] Robinson, P. B. & Sexton, E. A. The Effect of Education and Experience on Self-employment Success. *Journal of Business Venturing*,

1994, 9(2): 141 - 156.

[176] Romanelli, E. Environments and Strategies of Organization Start-Up: Effects on Early Survival. Administrative Science Quarterly, 1989: 369 - 387.

[177] Renzulli, L. A. & Aldrich, H. Who Can You Turn To? Tie Activation within Core Business Discussion Networks. Social Forces, 2005, 84(1): 323 - 341.

[178] Renzulli, L. A., Aldrich, H. & Moody, J. Family Matters: Gender, Networks, and Entrepreneurial Outcomes. *Social Forces*, 2000, 79 (2), 523 - 546.

[179] Rotter, J. B. Generalized Expectancies for Internal Versus External Control of Reinforcement. *Psychological monographs: General and Applied*, 1966, 80(1): 1 - 28.

[180] Ray, S. & Cardozo, R. *Sensitivity and Creativity in Entrepreneurial Opportunity Recognition: A Framework for Empirical Investigation*. London: Sixth Global Entrepreneurship Research Conference, 1996.

[181] Reynolds, P. & Miller, B. New Firm Gestation: Conception, Birth, and Implications for Research. Journal of Business Venturing, 1992, 7(5): 405 - 417.

[182] Reynolds, P. D. *A Primer in Theroy Construction*. New York: Macmillan, 1971.

[183] Ruan, D. The Content of the General Social Survey Discussion Networks: An Exploration of General Social Survey Discussion Name Generator in a Chinese Context. *Social Networks*, 1998, 20(3): 247 - 264.

[184] Sahlman, W. A. *Some Thoughts on Business Plans*. Watertown: Harvard Business School Press, 1999, 138 - 176.

[185] Sandberg, W. R. & Hofer, C. W. Improving New Venture Performance: The Role of Strategy, Industry Structure, and the Entrepreneur. *Journal of Business Venturing*, 1987, 2(1): 5 - 28.

[186] Sarasvathy, S. D. Causation and Effectuation: Toward a Theoretical

Shift From Economic Inevitability to Entrepreneurial Contingency. *Academy of Management Review*, 2001: 243 - 263.

[187] Sarasvathy, S. D. Entrepreneurship as a Science of the Artificial. *Journal of Economic Psychology*, 2003, 24(2): 203 - 220.

[188] Sarasvathy, S. D. The Questions We Ask and the Questions We Care About: Reformulating Some Problems in Entrepreneurship Research. *Journal of Business Venturing*, 2004, 19(5): 707 - 717.

[189] Sarasvathy, S. D. & Dew, N. New Market Creation Through Transformation. *Journal of Evolutionary Economics*, 2005, 15 (5): 533 - 565.

[190] Say, J. B. *A Treatise on Political Economy Or the Production, Distribution and Consumption of Wealth*. New York: Kelley Publishers, 1803.

[191] Scherer, R. F., Adams, J. S. & Carley, S. Role Model Performance Effects on Development of Entrepreneurial Career Preference. *Entrepreneurship: Theory & Practice*, 1989, 13(3): 53 - 71.

[192] Schumpeter, J. A. *The Theory of Economic Development*. Cambridge: Harvard University Press, 1934.

[193] Schwarzer, R., Bäßler, J. & Kwiatek, P. The Assessment of Optimistic Self-Beliefs: Comparison of the German, Spanish, and Chinese Versions of the General Self-Efficacy Scale. *Applied Psychology*, 1997, 46 (1): 69 - 88.

[194] Scott, M. & Bruce, R. Five Stages of Growth in Small Business. *Long Range Planning*, 1987, 20(3): 45 - 52.

[195] Scott, S. G. & Bruce, R. A. Determinants of Innovative Behavior: A Path Model of Individual Innovation in the Workplace. *Academy of Management Journal*, 1994, 37(3): 580 - 607.

[196] Shane, S. Prior Knowledge and the Discovery of Entrepreneurial Opportunities. *Organization Science*, 2000, 11(4): 448 - 469.

[197] Shane, S. & Venkataraman, S. The Promise of Entrepreneurship as a Field of Research. *Academy of Management Review*, 2000, 25(1): 217 - 226.

[198] Shapero, A. Self-renewing Economies. *Economic Development Commentary*, 1981, 5(Apr.): 19 - 22.

[199] Shapero, A. & Sokol, L. *The Social Dimensions of Entrepreneurship*. Englewood Cliffs: Prentice Hall, 1982, 72 - 90.

[200] Sigrist, B. *Entrepreneurial Opportunity Recognition*: A presentation at the Annual UIC/AMA Symposium at Marketing/Entrepreneurship Interface, Sofia-Antipolis, France, 1999.

[201] Singh, R. P. A Comment on Developing the Field of Entrepreneurship through the Study of Opportunity Recognition and Exploitation. *The Academy of Management Review*, 2001, 26(1): 10 - 12.

[202] Singh, R. P. *Entrepreneurial Opportunity Recognition through Social Networks*. New York: Garland, 2000.

[203] Sirmon, D. G. & Hitt, M. A. Managing Resources: Linking Unique Resources, Management, and Wealth Creation in Family Firms. *Entrepreneurship Theory and Practice*, 2003, 27(4): 339 - 358.

[204] Sirmon, D. G., Hitt, M. A. & Ireland, R. D. Managing Firm Resources in Dynamic Environments to Create Value: Looking Inside the Black Box. *Academy of Management Review*, 2007, 32(1): 273 - 292.

[205] Starr, J. A. & MacMillan, I. C. Resource Cooptation via Social Contracting: Resource Acquisition Strategies for New Ventures. *Strategic Management Journal*, 1990(11): 79 - 92.

[206] Steier, L. & Greenwood, R. Entrepreneurship and the Evolution of Angel Financial Networks. *Organization Studies*, 2000, 21(1): 163 - 192.

[207] Stevenson, H. H. & Gumpert, D. E. The Heart of Entrepreneurship. *Harvard Business*, 1985, 63: 85 - 94.

[208] Stewart, W. H., Watson, W. E. & Carland, J. C. A Proclivity for Entrepreneurship: A Comparison of Entrepreneurs, Small Business Owners, and Corporate Managers. *Journal of Business Venturing*, 1999, 14(2): 189 - 214.

[209] Storey, D. J. *Understanding Small Busn Sectr*. London:

Thomson Learning Emea, 1994.

[210] Storey, D. J. & Tether, B. S. Public Policy Measures to Support New Technology-Based Firms in the European Union. *Research Policy*, 1998, 26(9): 1037 - 1057.

[211] Stuart, R. W. & Abetti, P. A. Impact of Entrepreneurial and Management Experience on Early Performance. *Journal of Business Venturing*, 1990, 5(3): 151 - 162.

[212] Tan, J. J. *Perceived Environment, Strategy Orientation, Ownership Effect and Implication in a Transition Economy: An Empirical Study in the People's Republic of China*. Doctoral Dissertation, Virginia Polytechnic Institute and State University, 1993.

[213] Thompson, E. R. Individual Entrepreneurial Intent: Construct Clarification and Development of an Internationally Reliable Metric. *Entrepreneurship Theory and Practice*, 2009, 33(3): 669 - 694.

[214] Thompson, J. D. *Organization in Action*. New York: McGraw-Hill, 1967.

[215] Tibbits, G. Small Business Management: A Normative Approach. *MSV Business Topics*, 1979(4): 5 - 12.

[216] Timmons, J. A. *New Venture Creation: Entrepreneurship for the 21St Century*. Boston: Irwin/McGraw-Hill, 1999.

[217] Trevelyan, R. Optimism, Overconfidence and Entrepreneurial Activity. *Management Decision*, 2008, 46(7): 986 - 1001.

[218] Ucbasaran, D., Westhead, P. & Wright, M. The Extent and Nature of Opportunity Identification by Experienced Entrepreneurs. *Journal of Business Venturing*, 2009, 24(2), 99 - 115.

[219] Ucbasaran, D., Westhead, P. & Wright, M. The Focus of Entrepreneurial Research: Contextual and Process Issues. *Entrepreneurship Theory and Practice*, 2001, 25(4): 57 - 80.

[220] Van Auken, H., Stephens, P. & Fry, F. L. Role Model Influences On Entrepreneurial Intentions: A Comparison Between USA and

Mexico. *International Entrepreneurship and Management Journal*, 2006, 2(3): 325 - 336.

[221] Van de Ven, W. P. & Van Praag, B. The Demand for Deductibles in Private Health Insurance: A Probit Model with Sample Selection. *Journal of Econometrics*, 1981, 17(2): 229 - 252.

[222] Venkataraman, S. The Distinctive Domain of Entrepreneurship Research. *Entrepreneurship, Firm Emergence and Growth*, 1997, 3(1): 119 - 138.

[223] Walsh, J. P. Managerial and Organizational Cognition: Notes from a Trip Down Memory Lane. *Organization Science*, 1995, 6(3): 280 - 321.

[224] Weber, S. S. Saving St. James: A Case Study of Farmwomen Entrepreneurs. *Agriculture and Human Values*, 2007, 24(4): 425 - 434.

[225] Wernerfelt, B. A Resource-Based View of the Firm. *Strategic Management Journal*, 1984, 5(2): 171 - 180.

[226] White, H. C. *Chains of Opportunity: System Models of Mobility in Organizations*. Cambridge: Harvard University Press, 1970.

[227] Wickham, P. A. *Strategic Entrepreneurship*. New York: Pitman Publishing, 1998.

[228] Wiklund, J. & Shepherd, D. Entrepreneurial Orientation and Small Business Performance: A Configurational Approach. *Journal of Business Venturing*, 2005, 20(1): 71 - 91.

[229] Wiklund, J., Davidsson, P. & Delmar, F. What Do they Think and Feel About Growth? An Expectancy-Value Approach to Small Business Managers' Attitudes Toward Growth. *Entrepreneurship Theory and Practice*, 2003, 27(3): 247 - 270.

[230] Wiltbank, R., Dew, N. & Read, S. What to Do Next? The Case for Non-Redictive Strategy. *Strategic Management Journal*, 2006, 27(10): 981 - 998.

[231] Winslow, E. K. & Solomon, G. T. Entrepreneurs: Architects

of Innovation, Paradigm Pioneers and Change. *The Journal of Creative Behavior*, 1993, 27(2): 75-88.

[232] Wood, R. & Bandura, A. Social Cognitive Theory of Organizational Management. *Academy of management Review*, 1989, 14(3): 361-384.

[233] Wooldridge, J. M. *Econometric Analysis of Cross Section and Panel Data*. Cambridge: MIT Press, 2002.

[234] Zhao, H., Seibert, S. E. & Hills, G. E. The Mediating Role of Self-Efficacy in the Development of Entrepreneurial Intentions. *Journal of Applied Psychology*, 2005, 90(6): 1265-1272.

[235] Zhou, J. & George, J. M. When Job Dissatisfaction Leads to Creativity: Encouraging the Expression of Voice. *Academy of Management Journal*, 2001, 44(4): 682-696.

[236] 蔡莉，崔启国，史琳. 创业环境研究框架. 吉林大学社会科学学报，2007(1): 50—56.

[237] 蔡莉，单标安，朱秀梅，等. 创业研究回顾与资源视角下的研究框架构建——基于扎根思想的编码与提炼. 管理世界，2011(12): 160—169.

[238] 蔡莉，费宇鹏，朱秀梅. 基于流程视角的创业研究框架构建. 管理科学学报，2006(1): 86—96.

[239] 蔡莉，葛宝山，朱秀梅，等. 基于资源视角的创业研究框架构建. 中国工业经济，2007(1): 96—103.

[240] 蔡莉，柳青. 新创企业资源整合过程模型. 科学学与科学技术管理，2007(2): 95—102.

[241] 常冠群. 基于能力的资源获取与创业绩效关系研究. 吉林大学博士学位论文，2009.

[242] 陈波. 风险态度对回乡创业行为影响的实证研究. 管理世界，2009(3): 84—91.

[243] 陈海涛，蔡莉，杨如冰. 创业机会识别影响因素作用机理模型的构建. 中国青年科技，2007(1): 4—11.

[244] 陈巍. 创业者个体因素对创业倾向的影响：感知环境宽松性的中介作用. 吉林大学博士学位论文，2010.

[245] 陈震红，董俊武. 中国创业者的风险感知与创业决策——以武汉“中国光谷”的创业者为例. 当代财经，2007(9)：10—16.

[246] 池仁勇. 美日创业环境比较研究. 外国经济与管理，2002(9)：13—19.

[247] 崔启国. 基于网络视角的创业环境对新创企业绩效的影响研究. 吉林大学博士学位论文，2007.

[248] 党佳娜，魏凤. 欠发达地区返乡农民工创业能力评价及比较——基于陕西省、四川省的问卷调查. 广东农业科学，2012(6)：8—12.

[249] 丁明磊. 创业自我效能及其与创业意向关系研究. 河北工业大学博士学位论文，2008.

[250] 董晓波. 农民创业者获取创业资源中社会网络的利用. 中国农学通报，2007(1)：425—428.

[251] 范明，肖璐. 基于社会网络视角的大学生村官创业意愿研究. 农业经济问题，2012(5)：82—87.

[252] 范巍，王重鸣. 创业倾向影响因素研究. 心理科学，2004(5)：1087—1090.

[253] 房德东，李雅贝，霍学喜. 论我国农业高新技术创业投资中的政府支持. 生产力研究，2007(8)：31—32.

[254] 葛宝山，董保宝. 基于动态能力中介作用的资源开发过程与新创企业绩效关系研究. 管理学报，2009(4)：520—526.

[255] 龚军姣. 创业活跃区农民人力资本与心理资本对创业决策的影响. 经济纵横，2011(12)：125—129.

[256] 古家军，谢凤华. 农民创业活跃度影响农民收入的区域差异分析——基于1997—2009年的省际面板数据的实证研究. 农业经济问题，2012(2)：19—23.

[257] 郭红东，丁高洁. 社会资本、先验知识与农民创业机会识别. 华南农业大学学报(社会科学版)，2012(3)：78—85.

[258] 郭红东，周惠珺. 先前经验、创业警觉与农民创业机会识别——一个中介效应模型及其启示. 浙江大学学报(人文社会科学版)，2013(3).

[259] 郭军盈. 我国农民创业的区域差异研究. 经济问题探索，2006a(6)：

70—74.

[260] 郭军盈. 中国农民创业问题研究. 南京农业大学博士学位论文,2006b.

[261] 郭晓丹. 基于机会异质性的创业机会识别模型修正. 大连：东北财经大学出版社,2010.

[262] 韩俊,崔传义. 我国农民工回乡创业面临的困难及对策. 经济纵横,2008(11)：3—8.

[263] 韩俊,汪志宏,刘丹华,等. 农民工回乡创业现状与走势：对安徽、江西、河南三省的调查. 改革,2008(11)：15—30.

[264] 胡豹. 农民工创业能力评价指标体系的构建. 安徽农业科学,2011(36)：22761—22762, 22792.

[265] 黄洁,蔡根女,买忆媛. 农村微型企业：创业者社会资本和初创企业绩效. 中国农村经济,2010a(5)：65—73.

[266] 黄洁,蔡根女,买忆媛. 谁对返乡农民工创业机会识别更具影响力：强连带还是弱连带. 农业技术经济,2010b(4).

[267] 黄洁,买忆媛. 农民创业者初始社会资本对机会识别类型的预测能力研究. 农业技术经济,2011(4).

[268] 黄金睿. 环境特性、创业网络对创业机会识别的影响研究. 吉林大学博士学位论文,2010.

[269] 蒋剑勇,郭红东. 创业氛围、社会网络和农民创业意向. 中国农村观察,2012(2)：20—27.

[270] 蒋剑勇,钱文荣,郭红东. 社会网络、社会技能与农民创业资源获取. 浙江大学学报(人文社会科学版),2013(1)：85—100.

[271] 焦晓波,关璞. 创业型经济的发展和中国农民创业问题理论研究动态. 经济体制改革,2012(1)：29—33.

[272] 靳取,李博. 浅析认知机制对创业者创业活动的影响. 经济研究导刊,2009(6)：156—157.

[273] 李乾文. 创业绩效四种理论视角及其评述. 经济界,2004(6)：93—96.

[274] 李永强,白璇,毛雨,等. 基于 TPB 模型的学生创业意愿影响因素

分析.中国软科学,2008(5):122—128.

[275] 李宇.中小企业创业绩效影响因素研究.吉林大学硕士学位论文,2009.

[276] 林强,姜彦福,张健.创业理论及其架构分析.经济研究,2001(9):85—94.

[277] 林嵩,姜彦福,张帏.创业机会识别:概念、过程、影响因素和分析架构.科学学与科学技术管理,2005(6):128—132.

[278] 林嵩.创业战略:概念、模式与绩效提升.北京:中国财经经济出版社,2007.

[279] 刘常勇,谢如梅.创业管理研究之回顾与展望:理论与模式探讨.创业管理研究,2006,1(1):1—43.

[280] 刘明辉.农业高新技术产业创业投资及其代理风险控制.农业经济问题,2008(5):39—43.

[281] 刘强,刘浩源.农业创业型本科人才培养的途径探索——以湖南农业大学为例.中国高教研究,2008(8):61—62.

[282] 刘唐宇.农民工回乡创业的影响因素分析——基于江西赣州地区的调查.农业经济问题,2010(9):81—88.

[283] 刘万利,胡培,许昆鹏.创业机会真能促进创业意愿产生吗——基于创业自我效能与感知风险的混合效应研究.南开管理评论,2011(5):83—90.

[284] 刘艳梅.企业竞争战略管理理论三大主流学派的回顾与思考.哈尔滨工业大学学报(社会科学版),2002(2):39—43.

[285] 刘预,蔡莉,朱秀梅.信息对新创企业资源获取的影响研究.情报科学,2008(11):1728—1731.

[286] 刘志荣,姜长云.关于农民创业发展的文献综述——以西部地区农民创业为重点.经济研究参考,2008(66):37—47.

[287] 罗家德.社会网分析讲义.北京:社会科学文献出版社,2005.

[288] 罗凯.打工经历与职业转换和创业参与.世界经济,2009(6):77—87.

[289] 罗志恒,葛宝山,董保宝.网络、资源获取和中小企业绩效关系研究:基于中国实践.软科学,2009(8),130—134.

[290] 马昆姝,胡培,覃蓉芳.创业自我效能研究述评.外国经济与管理,

2008(12)：59—64.

[291] 墨媛媛，王振华，唐远雄，宋妍萱. 甘肃省农民工创业群体特征分析. 人口与经济，2012(1)：43—48.

[292] 牛志江. 认知视角下创业意向影响机制. 浙江大学硕士学位论文，2010.

[293] 潘洪刚，王礼力，王君萍. 中国农业创业投资发展轨迹及趋势. 电子科技大学学报(社会科学版)，2008(4)：24—28.

[294] 彭艳玲，孔荣，王瑞红. 创业自我效能感及其对农民创业意向的传导作用. 经济与管理研究，2011(12)：56—61.

[295] 戚迪明，张广胜，杨肖丽. 农民创业意愿的影响因素分析——基于沈阳市119户农民的微观数据. 农业经济，2012(1)：72—74.

[296] 任锋，杜海峰，刘玲睿. 基于就业稳定性差异的农民工创业影响因素研究. 人口学刊，2012(2)：80—88.

[297] 沈超红. 创业绩效结构与绩效形成机制研究. 浙江大学博士学位论文，2006.

[298] 石智雷，谭宇，吴海涛. 返乡农民工家庭收入结构与创业意愿研究. 农业技术经济，2010(11)：13—23.

[299] 田莉，龙丹. 创业过程中先前经验的作用解析——最新研究成果评述. 经济理论与经济管理，2009(11)：41—45.

[300] 汪三贵，刘湘琳，史识洁. 人力资本和社会资本对返乡农民工创业的影响. 农业技术经济，2010(1)：4—10.

[301] 王丹宇. "三农"创业主体分析. 广西社会科学，2011(10)：65—68.

[302] 王济川，郭志刚. Logistic 回归模型——方法与应用. 北京：高等教育出版社，2001.

[303] 王西玉，崔传义，赵阳. 打工与回乡：就业转变和农村发展——关于部分进城民工回乡创业的研究. 管理世界，2003(7)：99—109.

[304] 韦吉飞. 新形势下农民创业问题研究. 西北农林科技大学博士学位论文，2010.

[305] 韦茁萍. 农民农业创业存在的问题及对策. 现代农业科技，2012(7)：351—352.

[306] 文亮. 商业模式与创业绩效及其影响因素关系研究. 中南大学博士学位论文,2011.

[307] 吴昌华,戴天放,魏建美,等. 江西省农民创业调查分析及对策研究. 江西农业大学学报(社会科学版),2006(2):29—32.

[308] 熊智伟,王征兵. 基于TPB理论修正的农民工返乡创业意愿影响因子研究——以江西省262名农民工微观数据为例. 人口与发展,2012(2):54—60.

[309] 杨静,王重鸣. 创业机会研究前沿探析. 外国经济与管理,2012(5):9—17.

[310] 杨俊. 社会资本、资源获取与新企业绩效——一个中介效应模型及其启示. 长沙:第三届(2008)中国管理学年会,2008.

[311] 杨丽琼. 关于农民创业问题研究的若干认识误区. 农业经济问题,2009(5):63—67.

[312] 杨文兵. 农民家庭创业环境、创业活动与创业绩效关系研究. 绍兴文理学院学报(自然科学),2011(2):13—18.

[313] 杨璇. 创业者人力资本与创业网络对新创企业绩效的影响研究. 浙江理工大学硕士学位论文,2011.

[314] 叶春霞. 农民异地城市的创业能力评价. 经济纵横,2010(6):54—57.

[315] 叶建国. 创业效能感及其对创业绩效的影响研究. 浙江大学硕士学位论文,2006.

[316] 叶学锋,魏江. 关于资源类型和获取方式的探讨. 科学学与科学技术管理,2001(9):40—42.

[317] 张改清. 农民工返乡创业:意愿、行为与效应的代际差异比较. 统计与决策,2011(18):94—97.

[318] 张海洋,袁雁静. 村庄金融环境与农户创业行为. 浙江社会科学,2011(7):2—12.

[319] 张君立,蔡莉,朱秀梅. 社会网络、资源获取与新创企业绩效关系研究. 工业技术经济,2008(5):87—90.

[320] 张秀娥,王冰,张铮. 农民工返乡创业影响因素分析. 财经问题研

究,2012(3):117—122.

[321] 张秀娥,张峥,刘洋.基于GEM修正模型的返乡农民工创业活动影响因素分析.社会科学战线,2010(7):65—70.

[322] 张玉利,杨俊.创业研究经典文献述评.天津:南开大学出版社,2010.

[323] 张玉利,杨俊,任兵.社会资本、先前经验与创业机会——一个交互效应模型及其启示.管理世界,2008(7):91—102.

[324] 赵都敏,张玉利.创业者自我效能对创业过程的影响.科技与经济,2010(6):79—82.

[325] 赵都敏.社会网络视角在创业研究中的进展.科学学与科学技术管理,2007(8):71—76.

[326] 赵观兵,梅强,万武.基于环境宽松性的创业者特质对创业机会识别影响的实证研究.中国科技论坛,2010(8):109—113.

[327] 赵文红,梁巧转.技术获取方式与企业绩效的关系研究.科学学研究,2010(5):741—746.

[328] 赵西华,周曙东.农民创业现状、影响因素及对策分析.江海学刊,2006(1):217—222.

[329] 郑炳章,朱燕空,张红保.创业研究——创业机会的发现、识别与评价.北京:北京理工大学出版社,2009.

[330] 郑风田,孙谨.从生存到发展——论我国失地农民创业支持体系的构建.经济学家,2006(1):54—61.

[331] 钟王黎,郭红东.农民创业意愿影响因素调查.华南农业大学学报(社会科学版),2010(2):23—27.

[332] 周菁华,谢洲.农民创业能力及其与创业绩效的关系研究——基于重庆市366个创业农民的调查数据.农业技术经济,2012(5):121—126.

[333] 朱红根,康兰媛,翁贞林.劳动力输出大省农民工返乡创业意愿影响因素的实证分析——基于江西省1145个返乡农民工的调查数据.中国农村观察,2010(5):38—47.

[334] 朱红根,翁贞林,陈昭玖.政策支持对农民工返乡创业影响的实证分析——基于江西调查数据.江西农业大学学报(社会科学版),2011(1):

19—27.

[335] 朱红根.外部环境与农民工返乡创业意愿关系的实证分析——基于江西省1145个农民工样本调查数据.经济问题探索,2011(6):59—64.

[336] 朱明芬.农民创业问题的实证研究.甘肃行政学院学报,2009(5):93—100.

[337] 朱明芬.农民创业行为影响因素分析——以浙江杭州为例.中国农村经济,2010(3):25—34.

[338] 朱仁宏.创业研究前沿理论探讨:理论流派与发展趋势.科学学研究,2005(5):688—696.

[339] 朱仁宏.创业研究前沿理论探讨——定义、概念框架与研究边界.管理科学,2004(4):71—77.

索 引